APRENDER ECONOMIA

PAUL SINGER

APRENDER ECONOMIA

Copyright © 1998 Paul Singer
Todos os direitos desta edição reservados à
Editora Contexto (Editora Pinsky Ltda.)

Projeto gráfico e diagramação
ABBA Produção Editorial Ltda.
Texto & Arte Serviços Editoriais

Capa
José Luis Juhas

Revisão técnica
Adhemar Martins Marques

Revisão
Rose Zuanetti
Regina Machado
Texto & Arte Serviços Editoriais

Dados Internacionais de Catalogação na Publicação (CIP)
(Câmara Brasileira do Livro, SP, Brasil)

Singer, Paul. 1932–
Aprender economia / Paul Singer. – 25. ed., 3ª reimpressão. –
São Paulo : Contexto, 2025.

Bibliografia
ISBN 978-85-7244-092-9

1. Economia. 2. Economia – Estudos e ensino. I. Título II. Série

98-0799   CDD-330.7

Índices para catálogo sistemático:
1. Economia: Estudo e ensino   330.7

2025

Editora Contexto
Diretor editorial: *Jaime Pinsky*

Rua Dr. José Elias, 520 – Alto da Lapa
05083-030 – São Paulo – SP
PABX: (11) 3832 5838
contato@editoracontexto.com.br
www.editoracontexto.com.br

Proibida a reprodução total ou parcial.
Os infratores serão processados na forma da lei.

SUMÁRIO

Introdução 7

CAPÍTULO 1: Dos Preços ao Valor 9

CAPÍTULO 2: Moeda e Crédito 42

CAPÍTULO 3: Repartição da Renda 80

CAPÍTULO 4: Economia Internacional 111

CAPÍTULO 5: Desenvolvimento Econômico 147

CAPÍTULO 6: O Socialismo 173

INTRODUÇÃO

Ao longo dos últimos dezesseis anos *Aprender economia* tem sido lido e utilizado no ensino. Não cabe dúvida de que a necessidade de entender o que se passa na economia está se tornando maior e mais premente. Há várias razões para isso, mas uma em particular merece destaque: a globalização das economias nacionais, que chegou ao Brasil com atraso e por isso os seus efeitos cumulativos estão arrasando empresas e desempregando milhões, inclusive um número ponderável de profissionais de nível superior, com anos de experiência. Nem tudo que deriva da globalização é mau. O acesso a mercadorias, tecnologias, ideias e capitais de fora pode melhorar o padrão de consumo, a produtividade, a atividade cultural e o conjunto da economia. Mas tudo depende do modo como é feito. Infelizmente, neste quartel final do século vinte, a integração econômica internacional está sendo comandada, quase em toda parte, pelos interesses privados do grande capital, sobretudo do multinacional. De modo que a abertura das economias nacionais às mercadorias e capitais forâneos atropela as empresas menores ou mais frágeis e marginaliza regiões inteiras e trabalhadores de todas as qualificações, sem que estes prejuízos sejam mitigados ou compensados por alguma ação sistemática por parte de governos ou entidades internacionais.

Isso que hoje sacode a economia de todos os países não é inédito. Sob certos aspectos, é um *replay* da experiência de livrecâmbio que teve lugar em meados do século passado. O problema não é a integração econômica em si mas quem domina o processo e determina quem perde e quem ganha com ele (isso está discutido no capítulo 4, com desdobramentos no seguinte). Em suma, sempre que transformações estruturais da economia se intensificam, como acontece nas últimas décadas, as opções se polarizam e a decisão final acaba sendo tomada no plano político: é a sociedade organizada enquanto estado nacional que define as formas de inter-relacionamento de seus cidadãos e de suas empresas com o resto do mundo. Havendo democracia, são os eleitores que têm o poder e a responsabilidade de decidir o futuro do país.

Aprender economia procura mostrar que estas opções não são arbitrárias. Elas têm suas raízes na teoria econômica, dividida entre diferentes escolas, que refletem distintas concepções de vida e de sociedade. Cada escola procura se apresentar como a única científica e sua teoria uma explicação válida da forma como opera a economia. Mas a ciência e a compreensão adequada da economia exigem o domínio de todas as visões teóricas ou pelo menos das mais significativas. É preciso conhecer história econômica e as generalizações contraditórias que formam as diferentes teorizações para se poder formar uma opinião própria, crítica e sagaz.

O que marca a etapa atual da globalização é o neoliberalismo, cujos partidários se pretendem os únicos detentores do conhecimento científico, já que o socialismo teria fracassado e o marxismo morrido. Torna-se por isso mais importante do que nunca perceber que a economia e as ciências do homem em geral não podem ser reduzidas a um "pensamento único". Com a esperança de contribuir para esta tarefa, *Aprender economia* continua à disposição dos que querem saber, inclusive para poder decidir.

São Paulo, março de 1998

CAPÍTULO 1
DOS PREÇOS AO VALOR

1. Introdução

Iremos, nesta primeira aula, estudar a forma, ou melhor, as várias formas pelas quais se fixam os preços das mercadorias e, depois, as teorias que explicam por que certas mercadorias são mais caras do que outras. Estas são as chamadas "teorias do valor", que poderão ser melhor entendidas quando vocês já tiverem algum conhecimento dos mecanismos de formação de preço.

Antes de mais nada é preciso deixar claro que todo o nosso estudo se refere a "economias de mercado", ou seja, as economias (como a brasileira) em que a maior parte da produção é dividida em unidades especializadas – fábricas, fazendas, usinas hidrelétricas, lojas, companhias de transporte etc. – que vendem o que produzem sob a forma de *mercadorias*. Uma mercadoria é; portanto, um produto que não se destina ao consumo do próprio produtor mas à venda. Jabuticabas colhidas no quintal para serem comidas pela família proprietária do pé e, eventualmente, para serem dadas aos vizinhos não são mercadorias, mas as mesmas frutas, quando levadas à feira para serem vendidas, sim, o são.

Outra característica essencial de uma economia de mercado é que cada unidade de produção, cada empresa tem liberdade para decidir *o que* vai produzir, *quanto vai fazer* de cada bem ou serviço e *quanto vai cobrar* por eles. Ao mesmo tempo os consumidores têm liberdade para decidir quanto desejam comprar de cada mercadoria. Quando o governo fixa os preços ou estabelece quotas de produção ou de consumo (racionamento), as regras básicas de funcionamento da economia de mercado não estão sendo seguidas. Sabemos que, muitas vezes, o governo age dessa forma, mas ele o faz, nos países capitalistas, sempre no quadro mais geral de funcionamento das chamadas "leis de mercado". De modo que vamos começar por estudar as leis que, inclusive, facilitarão o entendimento do "como" e do "porquê" da intervenção do Estado na economia.

2. As leis do mercado

Uma das regras básicas de jogo na economia de mercado é a de que o vendedor, em geral, fixa o preço. Quando vocês entram em uma loja, bar, restaurante ou hotel, para fazer uma compra, o preço já é dado. Vocês podem barganhar, podem oferecer menos, mas obviamente a primeira pergunta é: quanto custa isso? E o consumidor decide *quanto* quer comprar. O comprador tem, portanto, liberdade de comprar pouco ou nada ou muito de cada mercadoria, conforme suas necessidades e suas preferências.

Uma outra característica de uma economia de mercado é que em cada indústria, ou seja, em cada ramo de produção, existe um grande número de vendedores. O monopólio tende a ser excepcional. Pode existir, porém, em geral se evita. A maior parte dos países capitalistas, e o Brasil entre eles, tem legislação proibindo o monopólio absoluto. Ele existe só naqueles tipos de indústrias em que o caráter técnico do produto não permite a concorrência. Por exemplo, o sistema telefônico: se queremos que todos os telefones possam se comunicar entre si, não podemos ter duas ou três companhias telefônicas competindo pela venda de assinaturas de telefone. Só pode ser uma, pelo menos dentro de cada cidade ou de cada Estado. Serviços como os de energia elétrica, de iluminação pública, de transporte público são chamados "mono-pólios naturais", isto é, são monopólios pela sua natureza. Tirando esses casos, no resto da produção de mercadorias, geralmente temos mais de um produtor. Podem ser dois ou três, ou seja, uma situação de poucos competidores, que chamamos de *oligopólio*. Reservamos o nome de *monopólio* para os casos em que há um único vendedor. O oligopólio é a situação em que há poucos, porém mais de um, vendedores ou produtores de determinada mercadoria. E, finalmente, a situação é de *concorrência* quando o número de produtores é bastante grande. A concorrência permite aos consumidores não só escolher qual a mercadoria que desejam, e em que quantidade, mas de quem desejam comprá-la. E isso faz com que os vários competidores tenham de prestar atenção uns aos outros sobre o que estão oferecendo e a que preço. A tendência é a de que a mesma mercadoria, com a mesma qualidade, tenha, senão exatamente o mesmo preço, pelo menos, preços relativamente próximos.

3. Tipos de mercadorias

Essas são as regras mais gerais do funcionamento dos mercados numa economia de mercado. Para a gente entender como é que funciona a formação de preços, é preciso distinguir dois tipos de mercadorias diferentes. Um tipo é o que a gente chamaria de mercadorias *elásticas aos preços*, ou de produção elástica ao preço, que significa, em última análise, que são mercadorias cuja produção pode ser aumentada na medida em que o consumo cresce. Esse tipo de mercadoria é em geral constituído por produtos industriais e serviços. Por exemplo, automóveis. Se o consumo de automóveis cresce 5 ou 10% ao ano, a indústria automobilística em geral tem possibilidade de expandir a sua produção em 5 ou 10%. A maior parte dos produtos industriais é dessa natureza, ou seja, sua produção pode aumentar ou diminuir conforme a procura.

Os serviços, em geral, também têm essa flexibilidade. Trata-se de serviços pessoais, como os prestados em hotéis, restaurantes, hospitais, cinemas etc. Todos eles, que são vendidos como mercadorias, têm essa elasticidade de se ajustar a flutuações da procura.

Existe um outro tipo de mercadorias que são *inelásticas*, de produção inelástica aos preços. Isto quer dizer que, a cada momento, a sua quantidade é dada e não pode ser facilmente alterada. Esse tipo de produto é basicamente o produto agrícola que depende da colheita, que costuma acontecer uma vez ao ano, e seu tamanho depende, em grande medida, das condições de tempo. A quantidade de soja que vamos ter em 1980, por exemplo, depende, de um lado, da área semeada com soja, e do outro, das condições de tempo, da chuva, do sol, de haver ou não geada, seca e assim por diante. A mesma área semeada de soja, de trigo, de café, pode dar colheitas bastante diferentes. A variação das colheitas em função do tempo é bastante grande. Ora, uma vez colhida a soja, até o ano seguinte essa quantidade é a que existe para ser vendida. Ela não é elástica, no sentido de que se possa ajustar, seja a um aumento, seja a uma diminuição da procura. Então, a formação dos seus preços é bastante diferente da de mercadorias elásticas aos preços. Outro tipo de mercadorias inelásticas aos preços são os produtos extrativos, como o petróleo: há uma certa capacidade de produzir petróleo, que depende da perfuração de poços, da rentabilidade dos campos descobertos etc. É muito difícil aumentar essa produção de um momento para outro; também é muito difícil reduzi-la, a não ser fechando poços em exploração, o que é complicado. Produtos como esses têm menor elasticidade aos preços, o que significa, no fundo, à demanda.

4. Os preços dos produtos elásticos

Como se formam os preços dos produtos elásticos, isto é, dos produtos industriais e dos serviços? Eles se formam basicamente pelos custos de produção. Cada empresa tem um determinado custo com a mão de obra que utiliza, pagando salários, com a compra de matéria-prima e com o equipamento, que é amortizado ano a ano, dependendo de sua vida útil, que pode ser de dez, quinze ou vinte anos. O custo de produção vai determinar quanto a empresa vai pedir pelo produto. Não que a empresa peça exatamente aquilo que custa: ela vai pedir mais, porque vai querer lucro; a finalidade de uma empresa, num sistema de mercado, é, obviamente, obter lucro. Agora, o lucro depende do preço porque ela vai conseguir vender o produto, menos o custo. O preço é formado pelo custo da produção, acrescido de uma margem de lucro, margem esta que é competitivamente fixada em cada firma, tendo em vista que seu preço não pode ser muito diferente do das competidoras. Então o preço corresponde ao custo mais 5 ou 10%, o que se chama, na linguagem dos economistas, *mark-up*. É uma expressão inglesa que designa o que se cobra a mais do custo de produção. E é desse *mark-up* que sai o lucro da empresa. Então, no caso dos produtos industriais e dos serviços, os preços são mais ou menos proporcionais aos custos de produção.

5. Os preços dos produtos inelásticos

No caso dos produtos pouco elásticos, ou inelásticos, como os agrícolas, o custo varia inversamente ao volume produzido e é mais ou menos fixado num sistema de leilão, ou seja, é o comprador, em última análise, quem determina o preço pelo qual se vende o produto. É o inverso do que acontece com os produtos elásticos. Pensem num produto como o café. O custo de produção do café pode ser "x". No entanto, suponhamos que a colheita tenha sido pequena, tenha caído geada no Paraná, em São Paulo e, assim, nossa produção foi pequena; vamos supor que nos outros países ela também não tenha sido grande. Então nesse ano a produção de café será inferior ao consumo mundial nos últimos anos. O mercado se torna extremamente competitivo e especulativo, em que se toma em consideração o tamanho da colheita, o tamanho dos estoques remanescentes das colheitas anteriores etc. Trava-se um jogo especulativo nas grandes bolsas de mercadorias, em Nova Iorque, em Londres etc., em que se transaciona o café do ano e o café do ano seguinte. Quer dizer, é a especulação que fixa os preços, que variam extraordinariamente. O mesmo café, que pode custar um dólar a libra (a libra-peso, isto é, 455 gramas) hoje, pode custar dois dólares amanhã, três dólares daqui a seis meses, chegar a sete dólares em um ano e, de repente, cair a setenta centavos. Obviamente, essas flutuações, que não são só do café, são de todos os produtos agrícolas que se transacionam no mercado internacional, não refletem o seu custo de produção. O custo de produzir uma libra de café obviamente não passa de setenta centavos para sete dólares. Os preços resultam da especulação, com a quantidade disponível para ser vendida e a quantidade que se desejaria consumir. Os especuladores e comerciantes que jogam nesse mercado formam o preço, em última análise, pelo consenso – se o café está escasso, se vai ficar mais escasso ainda, se daqui a alguns meses haverá uma grande colheita etc.

É claro que na formação de preços de produtos agrícolas e extrativos, o elemento armazenamento pode desempenhar um grande papel. Teoricamente, se se armazenasse o excesso de produção nos anos bons, poder-se-ia tornar essa produção flexível, ou seja, elástica aos preços. Havendo estoques reguladores do mercado, ou seja, estoques grandes de café, num momento em que a colheita é ruim, esses estoques são lançados no mercado e então o preço não sobe. Em compensação, num momento em que há uma grande colheita de café, e os preços iriam cair muito, esses estoques seriam formados de novo e os preços seriam mantidos no mesmo nível. O fato é que isso não acontece porque, para isso, teria de haver um Estado mundial ou outra autoridade política que tivesse grandes recursos financeiros e apoio pelo menos dos Estados produtores e consumidores. Uma série de tentativas nesse sentido foi feita, resultando os acordos internacionais do café, do trigo, do açúcar, do cacau, e assim por diante, todos tentando atingir uma relativa estabilidade dos preços ou uma limitação da especulação. Geralmente fracassaram, de modo que ainda são os especuladores privados que formam esses preços, antecipando escassez ou abundância, eventualmente excesso dos produtos no mercado mundial.

6. Os preços políticos

Acontece algumas vezes – e isso é exceção – que a formação do preço seja inteiramente política, isto é, que dependa das relações de força entre os Estados compradores e os Estados vendedores. É o caso do petróleo. Supor que o preço do petróleo, hoje, reflita os custos de produção não tem nenhum sentido. Os custos de produção de petróleo são os mais diferentes possíveis: o petróleo custa muito pouco nos campos mais antigos em terra, no Oriente Médio, nos Estados Unidos ou na Venezuela, e tem um custo extremamente elevado quando é explorado no mar, como já começa a acontecer no Brasil, no Mar do Norte (na Europa) e em outros lugares. Então, o preço realmente tem muito pouco a ver com o custo de produção. Ele depende de decisões políticas dos países exportadores de petróleo, que formaram um cartel internacional, a Opep, e, ao mesmo tempo, depende da capacidade dos grandes países consumidores, como Japão, Estados Unidos etc., de influenciar as decisões dos países exportadores. O petróleo é, então, tipicamente um produto não elástico, cuja produção não pode ser aumentada rapidamente apesar de o consumo estar crescendo.

7. Os preços dos produtos padronizados

Agora, depois dessa visão geral de como, conforme o produto, se formam os preços, vamos ver em que medida a própria forma do mercado determina a formação de preços. Deste ângulo, temos novamente dois tipos de produtos. O produto *padronizado* e o produto *não padronizado*. O produto padronizado típico é a matéria-prima, por exemplo, o aço. O aço tem uma determinada especificação química, técnica, e ele é igual dentro dessa especificação, quer seja produzido em Volta Redonda, ou pela USIMINAS ou pela COSIPA, aqui no Brasil, ou por alguma siderúrgica francesa, alemã, americana, japonesa etc. O mesmo se dá com o cimento, o vidro, vários produtos químicos, madeira, lã, algodão etc., etc. Entre as matérias-primas, uma grande quantidade de produtos é praticamente padrão, ou seja, sua qualidade tem de ser a mesma. Algo semelhante se dá com alguns produtos de consumo final, consumo das famílias, como os produtos que a gente compra na feira ou na quitanda, alimentos que vêm diretamente da agricultura, sem passar pela indústria de processamento alimentar, por exemplo, ovos, carne, determinadas verduras, frutas. Estes produtos não têm marca, ninguém vai à feira comprar laranjas de marca x, y ou z.

Nesses casos, a situação é geralmente a seguinte: há um grande número de vendedores, e muitas vezes um pequeno número de compradores. Esse tipo de mercado chama-se *oligopsônico*. Lembram-se de oligopólio, poucos vendedores? Aqui é o contrário: são poucos os compradores e muitos os vendedores. Quando há um único comprador no mercado, este é chamado de *monopsônico*. O caso mais interessante para caracterizar bem a formação de preços nesses tipos de mercado é o que acontece na agricultura, quando o comprador é uma indústria. Por exemplo, uma indústria de cigarros que compra o tabaco de um grande número de pequenos cultivadores, ou a indústria do vinho, que compra a uva de um grande número de vinicultores, ou a indústria de massa de tomate e a de outros produtos enlatados, que compram a matéria-prima de um grande número de camponeses. Há muitos exemplos dessa espécie. No caso dos mercados monopsônicos ou oligopsônicos, quem fixa o preço é o comprador. Bom, mas acima se afirmou que quem fixava o preço era o vendedor, o comprador só decide quanto quer comprar. Esse é um caso diferente. Porque quem sabe quanto custa é o comprador, por incrível que pareça. Assim, para exemplificar com um caso concreto, num estudo sobre plantadores de tabaco, no Rio Grande do Sul, em Santa Cruz, verificamos que eles, antes de plantar o fumo, recebem do comprador, da fábrica de cigarros, as sementes, além de instruções detalhadas de como devem plantá-las, quais são os tratos que devem dar à planta, quantas vezes devem regar, como deve ser colhido e processado o fumo etc. Toda a tecnologia de produção é cuidadosamente determinada pelo comprador. O mesmo provavelmente deve dar-se com os produtores de tomates, uvas, batatas, e assim por diante. Nesse caso, quem determina o custo de produção é o comprador. Então ele também fixa o preço. No fundo, ele fixa um preço tal que o que sobra ao camponês, tirado o custo, é um salário, e geralmente é um salário baixo. Um salário muito baixo, porque o camponês tem poucas alternativas e faz absoluta questão de continuar sendo um camponês independente, um agricultor independente. Então ele se satisfaz com muito pouco, e o que se poderia chamar de margem de lucro dele não é lucro nenhum, não passa de um salário mínimo e às vezes menos. Eis aí um outro regime de mercado em que se invertem os papéis e é o comprador quem fixa o preço.

Mesmo quando isso não acontece, a formação dos preços de produtos padronizados implica geralmente margem de lucro pequena. O comprador tem uma vantagem grande. Quando existe a redução de custos por aumento de produtividade, quando na produção de vidro ou de álcalis, de cimento ou de aço se consegue produzir mais barato, essa redução de custos vai ser passada aos preços, porque geralmente quem compra matéria-prima são indústrias poderosas, que aproveitam a concorrência entre os produtores para obter um preço relativamente baixo, um preço muito próximo ao custo com margem relativamente reduzida de lucro.

8. Os preços dos produtos não padronizados

O caso é totalmente diferente no caso de mercadorias não padronizadas. Nestas, geralmente, há diferença de apresentação, de cor, e assim por diante, que são artificialmente suscitadas pelos fabricantes. O típico desta classe de mercadorias é o produto industrial para o consumo individual, desde roupa até cigarro, automóvel e alimentos. Então, embora o produto possa praticamente ser o mesmo, no sentido de satisfazer as mesmas necessidades, os fabricantes dão um jeito de diferenciar, dão um nome de fantasia ao produto, e usam em grande escala a publicidade, tentando – e conseguindo, em geral – convencer os consumidores de que aquele produto é diferente de todos os demais. A publicidade tenta fazer com que o consumidor esqueça o nome (do vernáculo) do produto e passe a adotar a marca, porque isso cria o monopólio artificial dessa empresa em relação a essa mercadoria. Quando, por exemplo, nossas crianças pedem Toddy, Toddy é uma marca, elas excluem de antemão outros produtos análogos, sem comparar preço e qualidade. É como se a fábrica que tem a marca Toddy tivesse o monopólio daquele produto, quer dizer, ou você toma Toddy da Toddy ou não toma nada. Toddy, Gillette, Fusca são exemplos de uma série de produtos em que a marca tomou o lugar do nome. É o auge que se pretende com o chamado esforço de vendas, com o esforço de *marketing*. Na verdade, o público, em tese, poderia optar entre Toddy, Ovomaltine ou outra farinha alimentícia, mas pela publicidade ele é praticamente hipnotizado a ponto de esquecer que existem outros produtos parecidos. Então, quando isso acontece, os preços podem ser diferentes, e bastante diferentes dos custos de produção. Aí os custos de comercialização é que entram pesadamente. No fundo, a empresa gasta um dinheirão para criar uma espécie de mercado artificial, seccionado, só para o seu produto, e pode, em função disso, cobrar um preço que é muito maior que o custo de sua produção. Quando uma companhia age assim, as outras também o fazem, caso contrário não haveria mercado para elas.

Em quase todos os produtos industrializados de consumo familiar, individual, se observa esse fenômeno. É a chamada concorrência monopólica, a concorrência entre poucos e grandes produtores, que usam um conjunto muito sofisticado de mensagens publicitárias, com o que conseguem isolar dentro do mercado uma área em que eles são realmente os únicos fornecedores. Uma das vantagens que a empresa tira desse investimento em publicidade e em comercialização, além de poder cobrar um preço alto e ter uma margem de lucro muito elevada, é que ela pode explorar as diferentes situações entre os consumidores, consumidores ricos e pobres. No fundo, como é que ela fixa o preço? Vamos supor um exemplo qualquer, vamos dizer, Gillette. Poucas pessoas sabem que Gillette em português se chama lâmina de barbear, não é verdade? A pessoa pede simplesmente cinco "giletes". Isso custou muito dinheiro para a Gillette. Pois bem, a produção de cada lâmina pode custar uma fração mínima, porém, a Gillette pode cobrar cinco ou dez vezes mais. No entanto, se ela for além de um certo limite, as pessoas vão descobrir que existe lâmina Futebol e outras marcas que, embora não tenham o prestígio da Gillette, são tão mais baratas que elas passam a ser compradas. Outra alternativa ainda é o barbeador elétrico. Então ela não pode elevar o preço indefinidamente; ela tem um cálculo que vai dizer o quanto ela vai vender o produto se cobrar x, x e meio, 2 x etc. e ela vai fixar um preço que lhe proporcione o maior lucro possível. A maximização do lucro é sempre o objetivo. Porém, ao pesquisar o seu mercado, a Gillette descobre facilmente o seguinte: uma parte do público tem dinheiro e Gillette é um produto barato; se o pacotinho de cinco lâminas custar 20 reais, ou 30 ou 40 reais, as pessoas pagam. Outra parte do público, não. Pessoas que ganham menos, até dois salários mínimos, compram Gillette se custar 20 cruzeiros, mas se custar 25 já não compram mais, vão comprar eventualmente uma lâmina diferente. Como é que ela pode tirar proveito do fato de que existe gente rica, que pode pagar duas ou três vezes mais sem prestar atenção, e gente que está ali na margem? Ela diferencia mais uma vez o produto. Ela cria uma supergillette, com algum aditivo químico, cobrando 40 cruzeiros de quem não se incomoda e mantém a gillette simples para o pobre, ainda dentro daquele limite de preço no qual ele pode adquiri-la. Existe uma diferenciação nos produtos, muitas vezes inteiramente artificial, tendo em vista aproveitar o poder aquisitivo de diferentes classes sociais, pelo fato de que existe no mesmo mercado pessoas ricas, remediadas e pobres. Isso se verifica também com os automóveis. O mesmo automóvel é apresentado em várias versões, desde versão careca, versão mediana, até versão ultraincrementada, com faroletes, espelhinhos etc., etc. Desta maneira os fabricantes se aproveitam ao máximo da capacidade aquisitiva, da disposição de gastar, que diferentes classes de consumidores têm.

Esses são os principais regimes de mercado que existem, predominantemente no Brasil de hoje e na maior parte dos países capitalistas contemporâneos: o mercado oligopsônico, ou monopsônico, que é o mercado em geral de pequenos produtores de matérias-primas e de grandes compradores industriais, ou então os mercados oligopólicos, em que cada um dos grandes vendedores diferencia seus produtos, cria imagem de marca, portanto secciona o mercado e cria um pequeno monopólio relativo para si. Entre esses dois extremos temos os vários tipos de mercados mais concorrenciais, isto é, em que existe maior quantidade de vendedores e de compradores e relativo equilíbrio, além dos mercados unicamente políticos.

9. Os vários tipos de preços

Vamos então resumir o que foi dito até aqui. A maior parte dos produtos é *elástica* aos preços e por isso estes são determinados pelos custos de produção, acrescidos por um *mark-up*. É o tamanho deste *mark-up* que varia, conforme o tipo de produto e o regime de mercado em que ele é transacionado.

Produtos *elásticos padronizados* têm, via de regra, *mark-up* reduzido porque a concorrência que se estabelece entre os vendedores é do tipo "preço e qualidade", o que significa que os compradores vão dar preferência a quem vender produtos de boa qualidade pelo menor preço. Mesmo assim, há uma grande diferença conforme o regime de mercado. Quando os produtos elásticos padronizados são fabricados por grandes empresas de derivados de petróleo, aço, vidro, papel etc., o *mark-up* cobre todas as despesas indiretas (administração, vendas, pesquisas etc.), e ainda proporciona um lucro "razoável" em relação ao capital total investido por aquelas empresas. Quando os produtos elásticos padronizados resultam do trabalho de pequenos produtores autônomos (em geral, camponeses), o *mark-up* incluído no preço pago pelos compradores, que são quase sempre oligopsonistas ou monopsonistas, é mínimo, proporcionando ao produtor um ganho extremamente pequeno.

Produtos *elásticos não padronizados* têm, via de regra, *mark-up* alto porque cada produtor desfruta de um semimonopólio sobre uma parte do mercado, o que lhe permite cobrar preços muito maiores do que seus custos de produção. A elevada receita decorrente destes *mark-ups* tem de ser gasta, em parte, para proteger este semimonopólio de outros concorrentes monopolísticos, mediante dispêndios com publicidade, desenvolvimento de novos produtos etc. Desta maneira, os oligopsônicos que operam assim não usufruem, necessariamente, de taxas de lucro maiores do que os que se dedicam à fabricação de produtos padronizados.

Produtos *inelásticos* têm seus preços formados em função da oferta presente e futura, de modo especulativo. Os preços tendem a flutuar muito e não guardam relação com os custos de produção, o que, nos momentos de baixa, causa grandes prejuízos aos produtores e, nos momentos de alta, aos consumidores. Por isso é frequente a tentativa de regulá-los pelo Estado ou por associação de Estados. No Brasil, o governo "sustenta" os preços agrícolas, propondo-se a adquirir as colheitas se o preço cair abaixo de determinado limite. Há, no entanto, muitas queixas quanto ao real cumprimento desta promessa: em muitos lugares os preços caem sem que qualquer agência governamental se faça presente para sustentá-los. No plano internacional, periodicamente se renovam os Acordos do Café, do Açúcar e de outras matérias-primas, com a intenção de estabilizar seus preços. Também daí o êxito tem sido pequeno, porque nem todos os países aderem. A Opep mesmo, que conseguiu por duas vezes elevar substancialmente os preços do petróleo, de 1981 em diante se tem mostrado incapaz de sustentá-los.

Em resumo, são as características dos produtos e dos mercados que determinam as maneiras como se formam os preços. O que interessa entender é a relação entre preços e custos, ou seja, o tamanho do *mark-up*. Vejamos agora como estes fenômenos são interpretados pelas diferentes teorias do valor.

10. O valor

Vamos agora discutir o valor. De que maneira os conhecimentos gerais de como se formam os preços são interpretados pelas escolas de pensamento econômico que se fundamentam em diferentes teorias do valor? Primeiro, examinemos o que a gente entende por valor. Valor é, no fundo, o preço relativo. O preço que estamos acostumados a encontrar é o preço cotado numa moeda – em cruzeiros, em dólares, em libras. A moeda é uma unidade de medida dos preços, cujas peculiaridades vamos examinar mais tarde. O valor é o preço de cada produto em relação aos outros. Se, por exemplo, um automóvel custa 150 mil cruzeiros e se uma caneta Bic custa 5 cruzeiros, eu posso dizer que um automóvel vale 30 mil canetas. Posso exprimir o valor do automóvel em canetas esferográficas, em sanduíches, em diárias de hotéis ou em qualquer outra mercadoria. O que a teoria do valor pretende fazer é explicar, em última análise, por que o automóvel custa o equivalente a 30 mil canetas esferográficas, e não a 20 mil, a 5 mil ou a 200 mil.

A teoria do valor pretende dar um princípio explicativo geral dos preços relativos das mercadorias e isso é fundamental para a economia, porque os salários são preços, os juros são preços, as rendas em geral tomam a forma de preços. Assim, através da teoria do valor pretende-se explicar a distribuição da renda, por que determinadas economias acumulam capital e se industrializam e outras economias, pelo contrário, estagnam e decaem etc. Enfim, o conjunto dos fenômenos que em geral interessa à análise econômica tem um princípio explicativo geral através das teorias do valor. Vamos enunciar as teorias do valor a partir dos preços, a partir da ideia de que o valor é algo subjacente aos preços. Sabendo-se os preços das mercadorias, sabe-se o valor delas também, na medida em que o preço de cada mercadoria se relaciona com o preço das outras.

11. A teoria do valor-trabalho

Existem duas teorias predominantes do valor: a teoria do valor-trabalho, e a teoria do valor-utilidade, ou teoria marginalista. A *teoria do valor-trabalho* – começamos por ela porque é a mais antiga – pressupõe, para começar, mercadorias do tipo de produção elástica aos preços; a teoria do valor-trabalho não se aplica a mercadorias que não possam ser multiplicadas, cuja produção não possa expandir-se à vontade. Então, ela não se aplica deliberadamente a determinados tipos de produtos cuja oferta é muito limitada, ou até fixa, como de obras de arte, por exemplo. Ela se aplica fundamentalmente aos produtos elásticos, produtos industriais, serviços e assim por diante.

Como vimos, para esses produtos, o preço em geral é o custo de produção e mais o *mark-up*, mais uma margem além do custo de produção. O que a teoria do valor-trabalho pretende explicar é quais são os limites dessa margem a mais que se pode cobrar.

Obviamente, a primeira coisa que a teoria do valor-trabalho tem de fazer é explicar os próprios custos de produção. Como vimos anteriormente, custos de produção são fundamentalmente os salários dos trabalhadores que produzem as mercadorias e as despesas com matérias-primas, máquinas e equipamentos e instalações em geral. Pois bem, as matérias-primas, as máquinas e equipamentos e instalações em geral também são frutos do trabalho humano. Podemos decompor o seu preço em custo de salários e de outras matérias-primas, outras máquinas e assim por diante. Sempre é possível decompor os custos de produção em custos de trabalho e custos de outras mercadorias que, por sua vez, também podem ser decompostas da mesma maneira. Em última análise, todos os custos de produção são reduzíveis a trabalho humano. O único custo real de produção é trabalho humano.

Tudo que se produz em forma de mercadoria é fruto direto ou indireto de trabalho humano. Quando dizemos *direto*, referimo-nos ao último trabalho realizado para a produção da mercadoria. Por exemplo, um automóvel que saiu da Volkswagen: ele é fruto direto do trabalho que foi feito na Volkswagen. Porém, os pneus, os bancos, as rodas etc. foram para lá já produzidos em outras fábricas. Nestas, por sua vez, foram usados: borracha, nylon, ferro, vidro e uma série de outros produtos, também frutos de trabalho humano. Decompondo a produção do automóvel até o fim, chegamos a elementos da natureza – vegetais, animais e minerais – transformados por trabalho humano em muitas etapas sucessivas e complicadas.

A teoria do valor-trabalho assim se chama porque sustenta que o valor, em última análise, não é mais do que uma manifestação do único custo real de produção, que é o trabalho humano.

Poder-se-ia perguntar: mas além do trabalho humano, há o trabalho animal, do boi, do bicho-da-seda, da vaca, da galinha... É verdade: se nós estivéssemos numa "economia de boi", provavelmente o trabalho humano é que não seria custo. Mas como estamos numa "economia de gente", o trabalho do boi é que não é custo. O homem participa da produção ao lado de forças da natureza, que ele domina, através do seu próprio trabalho. Este é o único custo porque não pode ser apropriado livremente, ele tem de ser *pago* com bens que são por sua vez produtos de trabalho humano. O trabalho humano exige uma participação social: no sistema capitalista, tem de ser comprado; em outro sistema, se compra o próprio trabalhador, como o escravo, por exemplo. Mas no sistema capitalista, em que os trabalhadores são assalariados livres, isto é, podem vender sua força de trabalho a quem quiserem, em princípio, o trabalho humano é o único custo real para quem vende as mercadorias. O boi funciona como máquina, é uma força da natureza que é utilizada pelo homem, do mesmo modo que o vento, ou o petróleo, ou qualquer outra forma de energia.

O trabalho, na sua duração, o tempo de trabalho, portanto, é o elemento fundante de todos os preços. Isso *não* quer dizer que os preços sejam meramente custos de produção em salários. É preciso deixar bem claro, porque essa é uma confusão muito frequente. O preço é uma soma de salários e de rendas que não são de trabalho, como lucros, juros, renda da terra, impostos. O tributo pago ao Estado é uma espécie de renda política. A renda da terra é o aluguel que o proprietário recebe por alugar uma casa, um galpão para uma fábrica ou uma extensão de terra agriculturável a um lavrador ou a um fazendeiro. O juro é também um aluguel, mas de dinheiro: alguém empresta dinheiro a um outro, que vai utilizá-lo para montar ou fazer funcionar uma empresa, e recebe sobre esse dinheiro, conforme o tempo decorrido, um rendimento. Esse rendimento é o juro. E o lucro é aquilo com que o proprietário da empresa fica da receita das vendas, depois que ele pagou todas as despesas. Pois bem, lucros, juros, renda da terra e tributos dão direito aos seus proprietários de se apropriar de parcelas do produto do trabalho humano. Estes rendimentos não criam valor, meramente regem a repartição do valor entre as classes sociais.

O valor das mercadorias, que se traduz em preços, é, em última análise, tempo de trabalho *social*, de trabalho inserido na divisão social do trabalho. Não gera valor o tempo de trabalho utilizado para produzir não mercadorias, ou seja, valores de uso, que podem ser bens, serviços governamentais, inclusive o serviço da dona de casa. Essas atividades não são trabalho social, constituem outro tipo de trabalho. O trabalho que vai produzir mercadorias é uma parcela, uma alíquota de um bloco inteiro, que se chama "divisão social do trabalho". Esse trabalho, despendido na divisão social do trabalho, é que dá origem a todas as mercadorias e por isso origina o valor.

Porém, isso não quer dizer que se possa comparar horas de trabalho social gastas na produção de duas mercadorias e chegar à mesma proporção em que estão seus preços. Em tese poderíamos computar todas as horas de trabalho para saber quanto tempo foi gasto para se fazer um automóvel e quantos minutos de trabalho social entraram na produção de uma caneta esferográfica. Não é de se esperar que esta primeira seja trinta mil vezes maior que o segundo, embora o preço do automóvel seja 150 mil cruzeiros e 5 cruzeiros o da caneta esferográfica. Não há proporcionalidade estrita entre tempo de trabalho e preços relativos, por uma razão fundamental: porque os preços são formados, de uma maneira geral, conforme os vários tipos de mercado, de forma a que os vários capitais tenham uma taxa de lucro mais ou menos uniforme. Porque se ela não for uniforme, se determinada indústria der mais lucro do que outra, durante muito tempo, os capitais vão entrar nessa indústria, vão procurar o lucro maior, e isso fará com que a produção desse produto, se for elástica – convém lembrar que a teoria do valor-trabalho se aplica aos produtos elásticos –, vá aumentar e os preços vão baixar, até que o lucro em relação ao capital, isto é, a taxa de lucro, não seja muito diferente da de outras indústrias. Se, ao contrário, uma determinada indústria, por alguma razão, estiver dando um lucro em relação ao capital investido muito menor que as outras, os capitais vão sair de lá, as empresas vão ser liquidadas, a produção vai cair, e, em consequência, o preço vai ser aumentado até que a taxa de lucro nessa indústria seja mais ou menos igual à das outras. Por essa razão não há uma correspondência direta entre tempo de trabalho social investido em cada mercadoria e o preço que se pede por ela, cotado em cruzeiros ou em outra moeda qualquer. Poder-se-ia perguntar, então, de que adianta uma teoria que dá uma explicação abstrata sobre o custo real, que é o trabalho humano, mas não explica por que o automóvel custa "x" vezes a caneta esferográfica, ou "y" vezes um patinete.

A teoria do valor-trabalho não pretende explicar os preços individuais, pelo menos no regime capitalista, em que a produção é dominada pelo capital, e o capital exige lucratividade. Como os vários capitais individuais competem entre si, essa lucratividade a longo prazo não pode ser sistematicamente diferente entre uma indústria e outra e, por isso, os preços relativos não podem corresponder aos valores. Apesar disso, essa teoria permite formular uma macroeconomia, isto é, permite analisar os grandes movimentos gerais da economia. A teoria do valor-trabalho não serve para um empresário específico saber se está cobrando muito ou pouco, o que ele poderia fazer para ganhar mais dinheiro etc. Mas, se nós quisermos compreender as linhas gerais seguidas pela acumulação do capital num determinado país ou de que maneira se dá a distribuição da renda etc., a teoria do valor-trabalho tem bastante utilidade.

12. A teoria do valor-utilidade

A outra teoria do valor é a teoria do *valor-utilidade*. Esta teoria se baseia, em verdade, em outro tipo de mercadoria. Ela é uma generalização do caso de mercadorias que não se ajustam às oscilações da procura, cujo preço é formado pelos compradores no sistema de leilão especulativo. A ideia básica aqui é a de que cada consumidor sabe quanto vale a mercadoria para ele. Se está disposto a pagar 150 mil cruzeiros por um automóvel, e só 5 cruzeiros por uma caneta, é porque o automóvel é, para ele, 30 mil vezes mais valioso do que a caneta. Portanto, os preços relativos refletem, em última análise, as utilidades relativas para os consumidores de grande variedade de mercadorias que estão à sua disposição.

Mas poder-se-ia objetar: como sabemos que o automóvel vale 30 mil vezes a caneta? Se conseguíssemos o automóvel pela metade do preço, o compraríamos também. A teoria do valor-utilidade apresenta o problema da determinação do valor do seguinte modo. Em primeiro lugar, a suposição é a de que a mercadoria tem uma utilidade para o comprador que é *decrescente em relação à sua quantidade*. Ter uma única caneta Bic faz uma enorme diferença, pois se eu não tiver nenhuma, não posso escrever. Uma segunda caneta pode servir se eu perder a primeira, ou se a tinta dela acabar etc., mas ela tem menos valor que a primeira. Uma terceira tem menos valor que a segunda, porque eu já tenho uma para escrever e outra de reserva. Uma terceira tem, portanto, menor probabilidade de ser de alguma utilidade para mim. E uma quarta pode valer zero. Isso vale para canetas, feijão, automóvel e assim por diante. O valor que atribuímos aos produtos depende da quantidade que podemos ter deles. Quanto maior for a

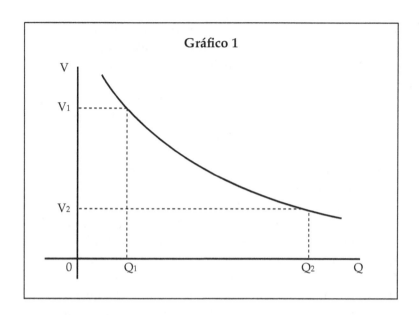

quantidade, menor o valor. Observe o Gráfico 1. Suponhamos que no eixo horizontal tenhamos a quantidade de um produto qualquer, como canetas esferográficas, e no eixo vertical, o valor, que vou chamar de V. Este é o valor, para todos os consumidores de canetas, que são milhões de pessoas. A teoria da utilidade decrescente diz que os consumidores vão se comportar mais ou menos de acordo com uma linha de valor como a indicada no gráfico: eles vão dar grande valor (V1) a uma pequena quantidade de canetas (Q1) e pouco valor (V2) a uma grande quantidade (Q2). Assim se explica o comportamento da demanda, ou seja, dos consumidores de canetas, automóveis, cigarros etc.

Por outro lado, os fabricantes têm comportamento inverso. A teoria supõe que o produtor de canetas está querendo também maximizar a sua utilidade, só que ele não precisa de canetas, pois tem mais do que o suficiente delas, mas quer comprar outras coisas. Ele quer ganhar o máximo para poder comprar automóveis, camisas, casas de campo ou viagens internacionais. Mas, para produzir uma quantidade crescente de canetas, o custo de cada uma será crescente. A suposição de que, quanto maior a produção de um determinado produto, mais o seu custo se eleva, é uma generalização da agricultura. Na agricultura, isso em certos limites é verdade. Para produzir, digamos, café no Brasil, inicia-se por plantar no melhor terreno para o café, obtendo-se produção a custo baixo; para aumentar a produção, seria preciso ocupar terras piores, sujeitas a geada ou menos férteis, e o custo médio do café iria subir. Outra possibilidade é usar a mesma terra e aplicar nela mais adubo, mais trabalho humano, plantar os pés de café mais próximos uns dos outros. Também nesse caso, o custo obtido desse café vai ser comparativamente maior. A teoria do valor-utilidade generaliza isso para qualquer tipo de produção. A ideia é de que numa fábrica também há uma quantidade ótima de produção, que mais ou menos se sabe qual é: para produzir mais, teria de amontoar as máquinas, uma em cima da outra, os operários começariam a se atropelar, a produtividade cairia e, consequentemente, cada canetinha ou cada automóvel produzido a mais sairia mais caro. Então, com o crescimento da quantidade, valor decrescente para os consumidores e custo crescente para os vendedores, conclui-se que só uma única combinação de quantidade e preço pode satisfazer consumidores e produtores – é a determinada pelo ponto de cruzamento de demanda e oferta (veja o Gráfico 2). Como o custo crescente dos ofertantes é descrito por uma curva de inclinação ascendente e a utilidade decrescente dos demandantes é descrita por uma curva de inclinação descendente, as duas *têm* de se cortar e apenas num ponto, determinando o valor (V1) e a quantidade (Q1) que vai ser produzida e consumida.

É uma teoria que supõe que a decisão final sobre o valor é dos consumidores. É como se os consumidores dissessem: estamos dispostos a pagar até "x" pelo produto, e os vendedores então veriam quanto vale a pena produzir a esse preço. O preço e a quantidade de cada produto seriam determinados por um livre encontro de vontades de consumido-

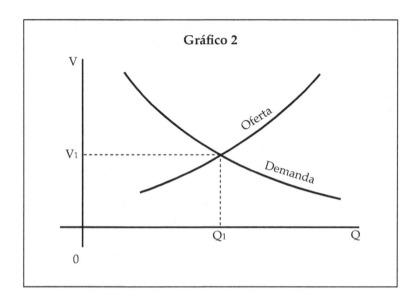

Gráfico 2

res e de produtores. É uma teoria liberal, ela supõe que nem o governo nem ninguém deve interferir entre comprador e vendedor. Deve-se deixar totalmente livres os vendedores entre si para obterem o maior lucro possível, e os consumidores para escolherem o que querem comprar; se isso acontecer, diz a teoria, maximiza-se a utilidade geral, porque os produtores serão levados a produzir exatamente aquilo que os compradores estão dispostos a comprar, a esses valores. Há uma otimização da alocação de recursos para produzir, vamos dizer, aquela cesta de bens que são coletivamente preferidos por todos os consumidores.

Mas a teoria do valor-utilidade tem uma série de pontos fracos, na medida em que ela se afasta da realidade capitalista. Em primeiro lugar, porque não existem apenas custos crescentes. A curva não precisa ser sempre ascendente. Há muitos casos, sobretudo na indústria, em que os custos são decrescentes, quer dizer, quanto mais se produz, mais o produto se torna barato. São os chamados ganhos de escala, e isso é bem conhecido: se você é proprietário de uma fábrica que tem uma série de máquinas, e põe uma turma para trabalhar oito horas, que produz, digamos, 50 mil automóveis por ano, se você puser duas turmas para produzir 100 mil automóveis com o mesmo equipamento, os 50 mil carros seguintes são muito mais baratos, porque já se tem o equipamento e todo o pessoal de escritório etc., etc., que custa muito dinheiro e que não vai precisar ser dobrado. Se for empregada uma terceira turma produzindo 150 mil automóveis, os últimos 50 mil são mais baratos ainda. Em casos assim – e esses casos são numerosos – a curva de oferta teria de ser descendente como a curva de demanda. E nesse caso qual é o ponto de encontro? Realmente, a teoria do valor-utilidade se atrapalha totalmente com os chamados ganhos de escala. Seus partidários não podem deixar de admitir que eles existem, mas os escamoteiam, dizendo que não têm importância.

Um segundo ponto fraco dessa teoria é supor que existe uma total independência entre compradores e vendedores, ou seja, os compradores estão inteiramente cientes de tudo que há para vender, conhecem todos os preços, são inteiramente racionais, isto é, vão comprar a mercadoria mais barata, de melhor qualidade, que realmente vai dar aquela satisfação que eles desejam. Portanto, a publicidade só serve para eles saberem o que existe no mercado. Eles não são jamais influenciados etc., etc., o que novamente colide de uma forma frontal com a realidade da formação de preços no capitalismo monopolista.

De qualquer forma, é uma teoria que, tanto quanto a teoria do valor-trabalho, oferece um princípio explicativo geral – que a produção de mercadorias depende de decisões subjetivas de quem vai usá-las –, a partir do qual se procura entender a repartição da renda, a acumulação de capital etc., etc. São dois princípios explicativos que vão dar interpretações diferentes e opostas de todos os fenômenos econômicos.

13. Perguntas e respostas

P – *O senhor falou que, numa fábrica, a terceira leva produzida de carros sairia mais barata que, a segunda leva e a primeira leva. Mas, digamos, em três turnos de trabalho, a mão de obra não estaria encarecida pelo adicional do turno, o desgaste das máquinas não seria maior, o que se refletiria no preço do produto?*

Singer – Você tem razão. Efetivamente há um adicional por trabalho noturno e um maior desgaste das máquinas. Acontece que, apesar disso, o que se economiza nos chamados custos fixos é uma quantidade muito grande. Por exemplo, não se precisaria ter três contabilidades; no máximo, seria preciso empregar mais algumas pessoas para fazer a folha de pagamentos, mas no fundo o conjunto de todo o aparato fixo, desde o aluguel do prédio até o próprio custo das máquinas, ficaria substancialmente menor por unidade produzida. Além disso, a depreciação do maquinário tende a ser mais acelerada do que o seu desgaste físico. Hoje em dia, na indústria, o progresso técnico é tão rápido que as máquinas são sucateadas antes que estejam desgastadas por inteiro. Em geral, surgem equipamentos mais eficientes antes que termine a vida útil das máquinas em uso. Então, quanto mais aceleradamente você desgastar a máquina, melhor; o fenômeno chamado "ganhos de escala" é dos mais importantes na indústria, e a estratégia decorrente é atingir um alto grau de utilização da capacidade, para minimizar os custos.

P – *Qual é a diferença entre a prestação de serviços e a produção de mercadorias e de não mercadorias?*

Singer – Vamos tentar esclarecer melhor. Produção é tudo: desde o que a dona de casa faz na casa dela até o que o presidente da República faz lá no palácio do Planalto. Agora, só uma faixa dessa produção se traduz em mercadorias que podem ser tanto bens (materiais) como serviços (imateriais).

Por exemplo, a estadia num hotel é uma mercadoria. Esta aula, pela qual vocês pagaram, é uma mercadoria, embora vocês não possam pegá-la nas mãos; vocês têm de carregá-la na cabeça. Então, vamos deixar bem clara uma coisa: a forma do produto não tem importância, a mercadoria é um fenômeno social, não natural. Uma mamadeira que a mãe prepara é uma coisa muito material e, no entanto, não é uma mercadoria, ela não vai cobrá-la do bebê. Um quartel ou uma cadeia é uma coisa muito sólida e, no entanto, não é uma mercadoria: ninguém vai vender ao preso os dias de hospedagem na cadeia. Então, mercadoria é um produto do trabalho humano que é colocado à venda. Essa é a definição de mercadoria: Como existem muitos produtos do trabalho humano que não são colocados à venda, nós os chamamos de *não mercadorias*. E os chamamos assim porque essa é uma economia de mercado, ou seja, a produção de mercadorias é o predominante, é o que, em última análise, regula a produção daquelas outras coisas que a gente pode chamar também de *valores de uso*, ou seja, coisas que se produzem, que têm certa utilidade, mas não são vendidas, podendo se tratar de serviços ou de bens. Há serviços que são mercadorias e serviços que não são mercadorias, assim como há bens que são mercadorias e bens que não são mercadorias. Tudo depende da relação social entre quem faz e quem consome. Se há transação comercial, se há preço e pagamento, é uma mercadoria; se não há, se a pessoa que consome não paga diretamente nem tem escolha em geral – eu não tenho o direito de escolher, por exemplo, se quero ou não mais proteção contra ameaças externas ao país –, o produto não é uma mercadoria.

P – *O senhor falou que o produtor controla a produção elástica, e que na produção inelástica ele não tem como controlar, por exemplo, fatores naturais. No entanto, a relação de mercado não é a mesma na indústria, pois quando produzem muito também têm de baratear o produto? No caso do café, por exemplo, quando há superprodução, eles preferem antes queimar do que baratear o produto.*

Singer – Não, a situação não é a mesma. O exemplo que você está dando mostra uma formação de preços bastante diferente. Quando a indústria resolve produzir em maior escala um produto e barateá-lo, é uma *decisão* que ela tomou. Digamos que a Volkswagen tenha feito um cálculo e resolva produzir um milhão de Fuscas e deixar o preço baixo para poder vendê-los. Então, ela maximiza o seu lucro vendendo um milhão de Fuscas, sem depender do tempo, da chuva ou da geada. A decisão resultou de cálculos mercadológicos segundo os quais dá para vender um milhão de carros por um preço que maximiza o lucro. Agora, no mercado do café não há esse cálculo. O que em geral acontece é que a especulação acentua as oscilações de preço. No ano em que dá muito café, o preço cai, algumas vezes até muito abaixo do custo de produção, e o produtor pode ter prejuízos. Para evitá-los, pode ser que se tenha de queimar o café mesmo, como você disse. Mas isso é uma contingência imposta pelo mercado, não é uma decisão que um monopólio ou um oligopólio toma.

P – *Eu não percebi exatamente como é possível a redução de lucro a trabalho.*

Singer – Em última análise, o lucro das empresas se traduz no usufruto de determinadas mercadorias. Ele aparece sob a forma de dinheiro, que pode ser utilizado para comprar mais máquinas e equipamentos, assim como para comprar bens de consumo para os donos ou diretores da empresa. Ora, essas coisas que podem ser compradas com o lucro, o que são senão fruto do trabalho humano? Todos os rendimentos dão, em última análise, direito a usufruir frutos de trabalho humano, portanto a soma de tudo o que se ganha tem de ser igual a tudo aquilo que foi produzido.

P – *Esse lucro a que o senhor se refere na esfera da produção seria a mais-valia?*

Singer – Certo. O que se considera como mais-valia é o conjunto do excedente, não é o lucro. No sistema capitalista, todo excedente de produção, isto é, tudo o que sobra depois que se pagou os produtores diretos, os assalariados, fica em primeiro lugar nas mãos do dono da empresa, porque ele é o dono das mercadorias que foram produzidas e vendidas. Os trabalhadores vendem a ele sua força de trabalho em troca de um salário e não têm qualquer direito sobre o produto do seu trabalho. O dono vende a mercadoria por um preço muito superior ao que pagou como salários e demais custos. Então, ele se apropria de toda a mais-valia, isto é, de todo o excedente, que, no entanto, não fica só com ele: uma parte vai ser paga como imposto ao governo, outra parte vai ser paga como juros ao capitalista financeiro, ao banqueiro, outra parte vai ser paga como renda do prédio em que a fábrica está instalada etc. Então, o que sobra para o capitalista industrial é o chamado "lucro líquido". Mais-valia é igual ao lucro bruto, ou seja, a soma de todos os rendimentos que não são salários.

P – O senhor falou que a teoria do valor-trabalho não explica a formação do preço das mercadorias não elásticas. Por quê?

Singer – Pelo seguinte: quando você pensa num produto elástico, você sabe que o preço corresponde ao custo de produção e a uma margem de lucro. Essa margem varia genericamente com a taxa de mais-valia do conjunto da economia. A margem de lucro no preço de cada produto vai depender do montante de capital investido em sua produção, de modo a proporcionar uma taxa de lucro "aceitável". Preço e valor não coincidem porque os montantes de capital investido por unidade produzida variam muito entre ramos diferentes. Mas, de qualquer forma, para os produtos elásticos, sabemos qual é a transformação de preços em valores. Trata-se de um problema mais ou menos complicado, mas, com o uso de matemática matricial, consegue-se resolvê-lo. A solução é satisfatória apenas para produtos cujo preço tem uma relação necessária com seu custo. Agora, o preço dos produtos inelásticos varia de forma inteiramente defasada dos seus custos. Como vimos, é claro que, a longo prazo, a receita proporcionada pela venda de produtos agrícolas ou extrativos tem de, *pelo menos*, cobrir os custos de produção e o pagamento de impostos, juros e renda da terra. E, no caso de a produção ser capitalista, ela teria de proporcionar a taxa média de lucro. Acontece que, devido à variação do volume produzido e à sua inelasticidade a curto prazo, os preços soem se afastar consideravelmente dessa média, que seria o "preço de produção", de modo que a validade da teoria do valor-trabalho para explicá-los é, de fato, muito pequena.

P – *Então, quando se diz que a teoria do valor-trabalho não explica a formação de preços dos produtos inelásticos, a gente teria de interpretar o funcionamento da economia segundo essa teoria, excluindo dele os produtos inelásticos?*

Singer – Não. A explicação derivada da teoria do valor-trabalho da repartição da renda, da acumulação do capital etc. também se estende aos produtos não elásticos, cujas flutuações de preços significam que ela está ora cedendo valor ao resto da economia, ora captando valor do resto da economia. Imaginemos a seguinte situação: o café está escasso, o preço está lá em cima, geralmente não para o produtor, mas para o especulador. Desse modo, ele está se apropriando de mais-valia de outras partes da economia. Sendo o café exportado, essa transferência de valor se dá dos países consumidores aos países produtores. O país consumidor tem de alienar maior quantidade de valor, de trabalho social incorporado em mercadorias, para obter a mesma quantidade de café. Quando a safra do café crescer e o seu preço cair, dá-se o inverso. Assim, a teoria do valor-trabalho explica como o valor se reparte entre os setores de produtos elásticos e inelásticos.

Isso permite entender como se determina a renda da terra, que decorre das diferenças de custos de produção e de distribuição em localizações diferentes. Onde os custos são menores, os proprietários da terra podem cobrar um aluguel mais alto por ela, que corresponde à diferença entre o excedente que pode ser obtido *neste* lugar e o excedente médio geral. É claro que, nesses casos, está se supondo uma média de preços dos produtos elásticos que não pode estar abaixo dos custos de produção por muito tempo. Também não pode estar muito acima, porque outros capitais seriam atraídos para aqueles ramos. Mas esse raciocínio, quando os preços variam fortemente, como é o caso dos produtos agrícolas, tem pouca aplicação, o que permite entender por que o capitalismo tem enorme dificuldade em entrar na agricultura. Realmente, em todos os países capitalistas do mundo, não só no Brasil, a maior parte da produção agrícola é feita por não capitalistas, por camponeses, porque uma empresa agrícola capitalista tem muita dificuldade em manter uma taxa de lucro média que permita comparar a todo momento a rentabilidade do seu investimento na agricultura com a do investimento industrial, ou a do investimento em serviços.

Há empresas agrícolas capitalistas, mas sua participação na agricultura é mais ou menos limitada, e elas não têm crescido muito, apesar de terem enorme superioridade produtiva em relação ao camponês. Este aguenta prejuízos de uma forma incrível, ele pode trabalhar com prejuízo ano após ano, porque produz o próprio alimento. Então, em geral, ele consegue sobreviver a várias boas colheitas com preços muito baixos e a más colheitas com preços altos, porque, sem medir sacrifícios, ele se agarra como uma ostra à sua pequena propriedade para não perder o *status* de produtor independente.

P – *Qual a teoria de valor que o senhor acha de mais validade?*

Singer – Acho a teoria do valor-trabalho de mais validade, no sentido de que ela permite entender como a economia humana, inclusive a capitalista, se baseia, em última análise, na atividade dos seres humanos. E esta atividade é medida no tempo.

No fundo, tudo que vamos discutir daqui em diante é fruto de atividade de *gente*. O sistema de mercado é uma forma de criar uma maneira de apropriar o fruto desse trabalho. Esse é o sentido geral da economia capitalista: um conjunto de regras que cumpre duas funções fundamentais. Uma é permitir que, do trabalho social, haja um certo tipo de apropriação que possa *reproduzir* o sistema. Os trabalhadores ganham um salário que permite que amanhã eles voltem a trabalhar; se ficarem doentes, em casa, os filhos tomam o seu lugar. Essas regras permitem aos donos das empresas acumular capital, pois repõem os meios de produção desgastados e ampliam a capacidade da produção. A segunda função dessas regras é dar a ilusão às pessoas de que elas estão nisso *voluntariamente*. O que é muito importante. Em outros modos de produção, como a servidão ou a escravidão, o trabalho é forçado, isto é, só se extrai mais trabalho da pessoa se você a submete fisicamente e lhe impõe essa carga. No sistema capitalista, há um tal conjunto de regras sociais, que ninguém pode dizer que está obrigado. Na verdade, o proletário está obrigado porque se não trabalhar, não ganhar salário, morre de fome. Mas, em princípio, e isso é uma ilusão necessária de que todos compartilham, cada um se insere na economia por livre escolha. A teoria do valor-trabalho arranca essa máscara, ela desmistifica esse aspecto. A teoria do valor-utilidade, pelo contrário, reafirma esse aspecto. Ela parte da ideia de que todos somos iguais, e de que todos estamos agindo de modo a maximizar a nossa utilidade. Na medida em que ninguém nos obriga a trabalhar ou a não trabalhar, a comprar isso e não aquilo, estamos no melhor dos mundos, no mundo da liberdade. A teoria do valor-trabalho é uma teoria mais realista, e, por isso, mais científica; ela penetra através das aparências, desfaz a ilusão, revelando a exploração, por exemplo, que o sistema implica.

P – *O senhor poderia fazer um resumo da evolução da teoria do valor-trabalho, de Adam Smith até Marx?*

Singer – Dada a limitação do espaço de que dispomos, vou poder apenas dar as grandes linhas dessa evolução. Na verdade, o autor mais importante da teoria é Adam Smith. Ele tentou demonstrar que se pode reduzir todo o custo real das mercadorias a trabalho humano. A ideia básica é que aquilo que está sendo transacionado sob a forma de mercadoria é trabalho humano. Inclusive, quando uma parte da sociedade usufrui do trabalho humano sem participar dele, está explorando outros. Esses são os elementos fundamentais em Smith. Só que para explicar a divisão da mais-valia (conceito que ele não tinha) em renda, juros e lucros, ele abandona, sem perceber, a teoria do valor-trabalho, e cria uma outra teoria, que seria uma teoria de custos de produção: o valor de cada mercadoria seria dado pela soma de salários, lucros ou juros (que ele confundia na mesma categoria) e da renda da terra. Ele não consegue mostrar como salários, lucros e renda são determinados pelo valor-trabalho. Essa incongruência foi descoberta por Ricardo, que é o continuador da teoria do valor-trabalho. Ele mostra com muito rigor (sem ter ainda descoberto a categoria de mais-valia) que os lucros só podem aumentar se os salários diminuírem. É uma repartição de um todo, que é o valor criado pelo trabalho humano, entre duas classes antagônicas, em que o que uma ganha a outra perde. Além de uma série de outras contribuições, Ricardo deu maior rigor lógico à teoria do valor-trabalho, tentando aplicá-la sobretudo ao problema da repartição da renda. Ao fazer isso, ele formula implicitamente uma teoria da exploração.

A grande contribuição de Marx está precisamente em ter formulado o conceito de mais-valia, que já estava implícito em Smith, e mais claramente em Ricardo, tendo sido mais desenvolvido pelos chamados pós-ricardianos. Entre Marx e Ricardo decorreram cinquenta anos, durante os quais vários ricardianos tornaram-se socialistas, tomaram uma posição crítica em relação ao capitalismo e começaram a desenvolver uma teoria da exploração. Porém, foi Marx que completou a teoria do valor-trabalho e a transformou num instrumento geral de explicação da economia capitalista, tendo em vista as suas leis de movimento.

No que se refere à teoria do valor-trabalho, Marx a tornou consistente com a realidade capitalista, graças ao conceito de mais-valia e sobretudo combinando, na análise, valor de uso e valor de troca. Esses conceitos foram desenvolvidos inicialmente por Smith, que os abandonou no momento em que percebeu que o valor de uso, aparentemente, não tinha uma dimensão quantitativa, que de fato tem. Marx notou que as necessidades são quantificáveis e que, portanto, é preciso considerar a demanda na explicação de quanto se produz de cada mercadoria. Por exemplo, a quantidade de automóveis que se vai produzir só se explica pelo uso do automóvel. O que for produzido além desse número não tem valor, embora seja fruto de trabalho humano. Na determinação do valor, valor de uso e de troca se combinam.

CAPÍTULO 2
MOEDA E CRÉDITO

1. O que é dinheiro?

Moeda e crédito é um dos temas que mais despertam a atenção em economia, sobretudo em épocas de variação do valor da moeda, de inflação, como é a época atual. Devido à inflação, o assunto moeda é provavelmente o que mais prende a atenção do público em geral, sendo ao mesmo tempo o assunto menos acessível aos leigos. O que o povo entende por dinheiro e o que os especialistas entendem por dinheiro são coisas diferentes. A partir daí, as regras de jogo da determinação do volume de moeda, da sua circulação e assim por diante estão, para o leigo, envolvidas por uma densa nuvem de mistério tecnocrático.

Vamos tentar dissipar um pouco essa nuvem, embora isso nos obrigue a ser, em certa medida, algo definitórios, ou seja, a preocuparmo-nos bastante com conceitos e não só com a dinâmica dos acontecimentos. Mas isso, no caso de moeda e crédito, é inevitável.

A primeira coisa que temos de nos perguntar é: o que é dinheiro? Para responder a esta pergunta, teremos de percorrer um pouco as etapas históricas pelas quais passou o dinheiro, até chegarmos aos aspectos principais da realidade monetária dos nossos dias. Obviamente, dinheiro é aquilo que, numa economia de mercado como a nossa, todos usamos para fazer compras.

Para podermos fazer compras com dinheiro, temos de ganhá-lo antes, geralmente fazendo vendas: vendemos uma parte de nós, nossa força de trabalho, com isso ganhamos dinheiro sob a forma de salário, e, depois, com esse dinheiro, compramos outras coisas. É por isso que a economia de mercado é essencialmente uma economia de trocas: estamos trocando, em última análise, a nossa força de trabalho – no caso dos assalariados – pelas mercadorias que desejamos ou de que precisamos, tais como alimentos, vestuário, recreação, moradia, transporte e assim por diante. Então, a primeira ideia, que coincide com o que todo mundo percebe, é a de que moeda é um *meio de troca*.

Nem toda economia de mercado é uma economia monetária. Existem economias de mercado que não conhecem a moeda. Nesse caso, as trocas são diretas. Trata-se de economias de escambo. Escambo quer dizer troca direta, mercadoria por mercadoria. A antropologia nos revela que, em pequena escala, essa é uma forma de economia de mercado que existiu em toda parte, organizada em pequenas feiras, às quais pessoas, tribos ou clãs levam mercadorias. Estabelecem-se então relações de troca, de galinha por frutas ou de peixe por cereal e assim por diante.

A origem da moeda em grande parte se explica pela dificuldade em generalizar as trocas sem dinheiro. Para que haja a troca direta, é preciso um encontro de necessidades coincidentes, o que não é fácil de ocorrer. Digamos que alguém está querendo vender sapatos para comprar ovos. Ele precisa, portanto, encontrar um vendedor de ovos que queira sapatos. Se nesse mercado houver vários vendedores de ovos, mas que não querem sapatos, porém luvas ou camisas, o vendedor de sapatos que quer ovos não vai obtê-los, porque a mercadoria que ele tem não serve para os que têm a mercadoria que ele deseja. Pior ainda é que sapatos têm cor, tamanho, são para homens ou para mulheres. Se o nosso personagem tiver para trocar um par de sapatos para homem, marrom, nº 38, ele precisa encontrar um vendedor de ovos que calce 38, seja homem e que queira aquele tipo de sapato. Obviamente, não é fácil.

Ao passo que, se houver uma mercadoria que todo mundo queira, independentemente da sua utilidade – e essa mercadoria pode ser ovos, tabaco, concha etc. –, o nosso vendedor de sapatos vende sua mercadoria para quem a quer, não importando o que esta pessoa tenha para vender. Recebe em pagamento esse equivalente geral, essa mercadoria que todo mundo aceita, e com ela vai então aos vendedores de ovos e compra o que deseja. A especialização de uma mercadoria para servir de meio de troca facilita enormemente a generalização das trocas em qualquer economia de mercado.

2. Evolução histórica da moeda

Uma economia de mercado pode funcionar em escambo se houver apenas dois trocadores. Se uma tribo fabrica cerâmica e a outra peixe, e só se troca cerâmica por peixe, não é preciso ter moeda. Mas no momento em que, no mercado, existem muitas mercadorias e muitas pessoas, cada uma levando a sua mercadoria e desejando em troca da sua uma outra ou várias outras muito específicas, sem a existência de um equivalente geral, de uma mercadoria que serve só para trocar ali outras, a organização dessas trocas fica praticamente impossível. Consequentemente, em numerosas economias de mercado que surgiram na Europa, na África, na Ásia e na América se verifica que, depois de algum tempo, com o desenvolvimento da divisão social do trabalho, com a multiplicação dos produtos que são levados ao mercado, de uma maneira ou de outra surge uma mercadoria, em geral a que mais frequentemente se produz e se troca, que passa a ser aceita, não para ser consumida, mas para ser, por sua vez, trocada novamente. Esta é a primeira forma histórica de moeda, chamada *moeda-mercadoria*, isto é, uma moeda que, na realidade, é uma mercadoria com funções de dinheiro, com funções de meio de troca.

Multiplicaram-se, então, os mercados, cada um com seu dinheiro específico. Quase tudo já serviu como moeda: o gado (e por isso temos em português a palavra "pecuniário", que vem de *pecus*, que em latim quer dizer "gado"), o sal (e a nossa palavra "salário" vem de sal, pois pagava-se o trabalho com sal, sal era moeda) etc. Enfim, é impossível imaginar algum tipo de mercadoria que, em algum momento, em algum lugar, não tenha servido de intermediário de trocas. Porém, na medida em que diferentes economias de mercado foram se comunicando, estabeleceram-se trocas entre si: se num mercado a mercadoria-moeda era por exemplo o gado, e no outro era o sal, criava-se um problema de câmbio. Quer dizer, o preço num mercado era medido em cabeças de gado e no outro em baldes de sal. Para haver intercâmbio, era preciso fazer a conversão e nem sempre a moeda de um mercado era aceita como moeda no outro.

Além disso, muitas moedas apresentavam uma série de dificuldades. Por exemplo, eram perecíveis. Uma coisa importante na mercadoria-moeda é poder guardá-la, para que se possa vender sem precisar comprar imediatamente. O vendedor leva para casa a moeda, e, depois, na semana seguinte ou no ano seguinte, volta para gastá-la. Ora, o boi, por exemplo, como qualquer animal vivo, é perecível. Se a receita monetária tem a forma de uma manada, há que alimentar os animais, que podem morrer ou ficar doentes. Guardar moeda desse tipo implica despesas e riscos. Por isso a moeda-mercadoria mais interessante é a que seja pouco perecível. Além disso, é interessante que ela possa ser dividida homogeneamente.

Quando o gado servia de moeda, ele só podia ser utilizado para transações mais ou menos valiosas, pois uma vaca ou um boi tem bastante valor, nunca foi barato. Para transações de pouco valor, esse meio de troca não serve, pois não haveria troco. Uma boa moeda-mercadoria é, portanto, aquela que seja não perecível, durável, que seja divisível homogeneamente, e, além disso, de fácil transporte. O sal, por exemplo, costuma ser muito barato. Quem quisesse fazer uma compra grande, precisava levar uma carroça e encher de sal. Isso custa muito dinheiro, ao passo que uma moeda-mercadoria que concentra valor em pequeno volume e peso pode facilmente ser levada ao mercado para os pagamentos.

Dadas essas condições que tornam, em função da prática, uma moeda-mercadoria mais adequada do que outra, formou-se uma espécie de consenso geral ao longo da história – e isso levou séculos e séculos – em quase todo o mundo de que a moeda-mercadoria deveria ser de metal precioso, basicamente ouro e prata. Utilizam-se como moeda, também, outros metais, como o cobre – hoje a palavra cobre é sinônimo de dinheiro – e o níquel, que também é sinônimo de moeda. Enfim, houve moedas de todo tipo de materiais, de metais e ligas de metal, mas a principal moeda-mercadoria que se conhece, e que prevalece por muitos séculos, até hoje, é o ouro ou a prata, algumas vezes juntamente, outras vezes predominando mais a prata ou o ouro, como nos dias atuais.

3. O crédito

A moeda, ou o dinheiro, não é só um intermediário de trocas. Ela desempenha uma outra função, que numa economia de escambo não seria possível: passa-se a usar moeda para fazer pagamentos e com isso pode-se separar no tempo a transação comercial e a sua liquidação. Quer dizer, compra-se a prazo, inclusive a força de trabalho: o empregado em geral trabalha por mês, e só no fim deste período recebe o salário. Também se compram a prazo mercadorias para vender de novo – e isso é o que habitualmente se faz. Portanto, a existência da moeda abre caminho para o surgimento do crédito. O crédito, como se vê, é crença, é fé no devedor. É a crença que o credor, que está emprestando o dinheiro ou adiantando a mercadoria, tem no devedor de que ele vá realmente, no prazo convencionado, pagar. Para que essa crença não seja *só* subjetiva, o credor sói exigir garantias. É claro que numa economia de escambo, em princípio também podia haver crédito. Alguém podia entregar ovos e, depois de um mês, receber uma outra coisa em pagamento. Mas a contabilização disso ficaria um tanto complicada. Ao passo que com a moeda-mercadoria a concessão de crédito se tornará não apenas muito mais fácil, mas transferível. O crédito geralmente é implementado através de um instrumento que é um papel em que o devedor declara a sua dívida e assina embaixo. Suponhamos que nosso personagem, que queria comprar ovos, faça ao vendedor de ovos uma declaração, por escrito e assinada, de que lhe deve "x" moedas, que pagará no dia 31 de dezembro. Isso seria uma letra de câmbio, ou uma nota promissória. Quando a dívida é feita em moeda, o credor pode, por sua vez, usar esse papel para pedir dinheiro ou mercadorias adiantadas de um terceiro. O devedor, em vez de pagar a quem lhe vendeu os ovos, vai pagar a um outro, que vendeu, digamos, peixe ao credor original. Então o crédito circula, isto é, o instrumento de crédito circula através do endosso quando é nominal, ou quando é feito ao portador, pela simples transferência do papel.

A partir da possibilidade de expandir o crédito, ocorre uma série de desenvolvimentos importantes. Com o surgimento da moeda feita com metal precioso, que é fácil de transportar, surge também o perigo de a moeda ser perdida ou roubada. Durante muito tempo o comércio se fazia a longa distância. Os mercadores geralmente se deslocavam em caravanas e, para se protegerem, tinham de contratar guardas, o que era bastante caro. Quanto maior era a caravana, maior era o butim, mais atraía a atenção dos assaltantes, os quais eram não só bandidos, mas também senhores feudais que viviam de assaltar mercadores. Para evitar esse tipo de perdas, o crédito permite que se substitua a moeda-mercadoria por instrumentos de crédito. Assim, por exemplo, havia intenso comércio entre cidades como Veneza e Hamburgo. Entre ambas, um longo caminho, atravessando rios e montanhas, com uma porção de castelos de senhores feudais que, quando não cobravam tributos de passagem, assaltavam as caravanas. Ora, para evitar levar ouro em grande quantidade, com chance de perdê-lo ou de ter de pagar um pequeno exército para protegê-lo, o comerciante que saía de Veneza, levando mercadorias, as vendia em Hamburgo, mas em vez de cobrar em ouro, recebia uma letra de câmbio, quer dizer, uma confissão da dívida contraída pelo comprador de Hamburgo. Se a letra de câmbio caísse em mãos de assaltantes, estes não teriam meios de convertê-la em moeda. Quando, mais tarde, mercadores de Hamburgo vinham vender seus produtos em Veneza, o comerciante lhes pagava com a letra de câmbio e eles retornavam à sua cidade, onde o devedor convertia a sua letra de câmbio em ouro, ou seja, a *resgatava*. Em suma, o papel passa a circular em lugar do ouro. Desta maneira, cria-se uma segunda moeda que é uma representação da primeira, uma moeda-símbolo.

4. A moeda e o Estado

Outra coisa importante era o fato de que as moedas de metal precioso tendiam a ser falsificadas. Numa época, por exemplo, se transacionava com barras de ouro, que eram medidas por peso. Ora, uma forma bastante esperta de enganar os outros era tirar o ouro do meio da barra, deixando só uma camada fina superficial, e enchê-la de chumbo. Chumbo é muito mais barato e muito mais pesado do que ouro. Quando a camada externa do ouro se desgastava, o seu possuidor descobria que a alma da barra não era de ouro mas de chumbo. Para evitar isso, as barras eram cortadas em rodelinhas, daí a forma da moeda atual. Mesmo assim, ainda era possível falsificar moedas de ouro, que tinham grande valor: os mais espertos e engenhosos cortavam a moeda bem ao meio, raspavam o ouro de dentro e a enchiam de chumbo. Para tornar mais difícil esse tipo de falsificação, o governo passou a cunhar as moedas e passou a fazer esse dentadinho no contorno que vocês ainda encontram em moedas mais antigas. Costumava-se também morder a moeda para se verificar se ela não era falsificada.

Trava-se, pois, uma grande luta pelo uso da moeda e contra a sua falsificação, o que tem interesse não só como curiosidade para explicar a forma da moeda, mas principalmente porque, a partir de um certo momento, a moeda passa a ser protegida pelo Estado, através de sua cunhagem.

Em épocas diferentes, nos vários países, o rei, o imperador ou o príncipe criaram uma fundição real, para onde as pessoas levavam o ouro para ser transformado em moeda, ostentando num lado o selo real e no outro a efígie do soberano. Esses símbolos constituíam uma garantia de que aquela moeda tinha, ou deveria ter, tantos gramas de ouro ou de prata. Quando a cunhagem se torna obrigatória, a emissão da moeda passa a ser um monopólio do Estado. Inicialmente, a cunhagem era optativa: quem queria levava o ouro para essa fundição, recebia de volta as moedas cunhadas, pagava uma taxa e tinha um tipo de moeda que merecia mais confiança porque tinha o selo do rei. Depois, o Estado a tornou obrigatória: quem quisesse pagar dívidas tinha de fazê-lo em moedas cunhadas pelo Estado.

Convém recordar que, quando o devedor deixa de pagar, o credor recorre aos tribunais, que se encarregam de cobrar a dívida. Isso quer dizer que o Estado tem como uma das suas funções mais importantes, numa economia de mercado (sobretudo na capitalista), impor o cumprimento das obrigações assumidas em contratos privados. Mas, em virtude disso, ele também tem o direito de especificar em que moeda as dívidas devem ser pagas, conferindo a certas moedas *curso forçado*. Esse conceito é fundamental para se entender como funciona o sistema monetário. No Brasil, por exemplo, o governo confere curso forçado ao real. Alguém pode contrair dívidas em qualquer outra moeda – em libras, dólares, rublos etc. Mas se o devedor deixa de pagar essa dívida, e é levado às barras de um tribunal, este converterá a dívida em reais e o credor terá de aceitar os reais como pagamento. Isso garante ao governo, ao Estado, o *monopólio da emissão de moeda*, isto é, ele constitui a única entidade que pode criar moeda.

5. O banco

Vamos agora tratar de uma outra entidade, que é importante nessa história: o banco. Os primeiros intermediários de crédito foram os ourives. Estes são artesãos que trabalham com ouro, prata e outros metais preciosos. Os ourives geralmente tinham em suas casas cofres e muitas vezes guardas, para impedir que a sua matéria-prima fosse roubada. Ora, como eles já tinham feito investimentos em medidas de segurança, outras pessoas passaram a guardar seu ouro com eles, pagando-lhes uma taxa. Como garantia, os depositantes recebiam um instrumento de crédito em que o ourives declarava que estavam com ele tantas libras de ouro pertencentes a fulano de tal. E o senhor fulano de tal não ia, cada vez que precisasse usar aquelas libras de ouro, retirá-las do ourives. Era muito mais fácil para ele emitir ordens de pagamento ao ourives e com elas pagar suas contas. Tais ordens de pagamento diziam: "Senhor ourives tal, por favor, pague ao portador deste papel tantas moedas de ouro". Mas era difícil ao ourives saber se o depositante tinha mandado mesmo essa ordem, se sua assinatura não tinha sido falsificada. Então, os ourives, em vez de emitirem um papel dizendo estar com 100 moedas de ouro do senhor fulano de tal – e depois que ele gastasse uma, teria que emitir outro papel acusando a posse de 99 moedas de ouro e assim por diante –, passaram a dar aos depositantes tantos papéis quantos fossem as moedas. E o depositante gastava esses papéis fazendo compras. Quem recebia esses papéis também não queria ficar com ouro em sua casa, por razões de segurança. Era melhor ficar com o papel e, por sua vez, fazer pagamentos com ele. Na medida em que todos passaram a agir assim, os ourives passaram a ficar com a guarda de todo o ouro da cidade. O que circulava realmente – do mesmo modo como as letras de câmbio entre as cidades – eram as notas dos ourives.

Quando os ourives perceberam que o ouro não saía nunca das suas arcas e que em seu lugar circulavam papéis, isto é, as notas que eles tinham emitido, os mais espertos deles tiveram uma brilhante ideia: passaram a emitir mais notas do que o ouro que tinham guardado, e emprestavam dinheiro a juros. Como esse ouro geralmente não era retirado, a não ser excepcionalmente, por alguém que, por exemplo, ia fazer uma viagem, não parecia haver perigo de emitir notas em valor mais elevado do que o ouro que possuía no cofre. As notas eram entregues tanto a depositantes como a devedores e só voltavam como pagamento, aos ourives, de juros e amortização de dívidas. Na medida em que esse negócio crescia, os ourives não tinham mais tempo de exercer seu ofício. Tornaram-se, então, *banqueiros*. A essência do negócio bancário é reemprestar dinheiro, ou seja: guardar dinheiro das pessoas, das empresas, do Estado e reemprestar esse dinheiro, ficando com a moeda-mercadoria e colocando em seu lugar as suas notas, que se chamam *papel-moeda*.

Nesse período, supõe-se que há uma correspondência estrita entre o valor do papel-moeda e o do ouro. A qualquer momento, o portador de uma nota dessas poderia ir à casa do banqueiro para convertê-la em ouro. Caberia perguntar: mas se o banco tem mil moedas de ouro em depósito e fez empréstimos por cinco mil, como é que ele vai pagar seis mil se ele só tem mil? A lógica da coisa é que ninguém vai reclamar sequer os mil. A não ser quando a confiança acaba, quando passa a correr o rumor de que o banqueiro tem muitas notas em circulação e que ele não pode ter tanto ouro assim. Se este boato se espalha, ocorre o que se chama uma corrida ao banco. Então todo mundo quer tirar o ouro de uma só vez e evidentemente não há esse ouro no banco. Nesse caso o banco quebra. Isso ocorria durante a primeira etapa da história dos bancos: eles quebravam, não sempre, mas muitas vezes. Era um negócio que, em última análise, dependia da confiança que os depositantes tinham no banqueiro. Enquanto as pessoas acreditam que podem receber ouro pelas notas, não o querem; quando começam a desconfiar que podem recebê-lo, procuram tirar a limpo suas dúvidas e descobrem que, de fato, não podem recebê-lo.

Em essência, o banco está sempre insolvente. Não que ele não tenha o valor depositado, que ele tenha jogado o dinheiro fora. A insolvência provém do fato de que o banco recebe dinheiro a vista e empresta a prazo. Quando alguém vai ao banco e deposita dez mil cruzeiros, ele supõe que pode fazer cheques, e esses dez mil cruzeiros estão à sua disposição na meia hora seguinte. O banco não pode emprestar a vista também, porque isso não é aceitável para seus clientes, que precisam contar com um prazo certo durante o qual podem utilizar o empréstimo. O banco tem de, portanto, emprestar a prazo. O banqueiro toma dinheiro emprestado a vista e paga juros ao depositante (no Brasil, no momento, não paga, mas já pagou no passado e pode voltar a pagar), mas empresta a prazo e cobra um juro do seu devedor. O juro que o banco cobra é evidentemente muito maior do que o que ele paga. Por exemplo, o banco paga 6% ao ano ao seu depositante e cobra 12% ao ano ao seu devedor. Da diferença de juros ele paga seus funcionários, guardas, o aluguel do local, e ainda obtém lucro. O banco pode viver de uma diferença de taxa de juros aparentemente pequena porque eles se aplicam a uma grande quantidade de dinheiro que passa pelos seus guichês.

6. O banco e o Estado

O governo, depois de algum tempo, passou a intervir nos bancos, porque não convinha que a boa-fé do público fosse iludida pelo banqueiro. As corridas aos bancos eram, em geral, provocadas pela emissão excessiva de notas. Havia necessidade de que a quantidade de notas que o banqueiro emitisse tivesse alguma relação com a quantidade de dinheiro efetivo (moeda-mercadoria) que ele tinha em caixa. Então o governo passou a controlar os bancos através de um banco próprio, que se chama Banco Central. O Banco Central é o "banco dos bancos" e o que ele faz é obrigar os bancos comuns, os bancos comerciais, a colocar uma parte dos seus depósitos no Banco Central. Se eu coloco, digamos, dez mil cruzeiros num banco qualquer, desses dez mil, dois mil vão para o Banco Central. Os outros oito mil, o banco reempresta. Essa parte que fica no Banco Central chama-se *encaixe* e representa dinheiro vivo com o qual o banco pode pagar os cheques que são cobrados dele. Quando o banco está em dificuldades, o Banco Central lhe fornece dinheiro para que possa continuar pagando todos os cheques. Então há um controle sobre o montante de créditos a prazo que o banco pode conceder em relação a seus depósitos a vista. Essa proporção de encaixe pode ser de 20%, como no exemplo dado, ou outra proporção dos depósitos. O governo fixa a quantidade de dinheiro vivo que cada banco particular tem de reter, fazendo com que esse dinheiro seja depositado no Banco Central.

O encaixe, até o fim do século passado, costumava ser realmente em moeda-mercadoria: ouro, prata ou ambos. Mas, pouco a pouco, o Estado foi se apossando de todo metal monetário e substituindo-o, na circulação, por notas emitidas por ele mesmo ou por algum banco por ele autorizado. Atualmente, metal precioso constitui meio de troca ou de pagamento apenas em transações entre países, pois as notas de cada país somente são aceitas dentro de suas fronteiras (o dólar e algumas outras moedas chamadas "conversíveis" constituem exceção a esta regra). As notas emitidas, direta ou indiretamente, pelo Estado e que são as únicas que têm curso forçado constituem a chamada "moeda legal".

Hoje há, portanto, dois tipos de moeda funcionando no Brasil: *moeda legal* e *moeda escritural*. A moeda legal (notas de cruzeiros) teoricamente corresponde a ouro, mas isso não passa de uma ficção jurídica. Antigamente as notas eram emitidas por bancos privados. Hoje elas são emitidas pelo Tesouro e não têm nenhuma relação fixa com a moeda-mercadoria. Dentro de cada país a moeda legal é constituída por pedaços de papel que não têm nenhum valor em si e que "dizem" representar uma certa quantidade de metal precioso. A moeda legal é usada para fazer pequenos pagamentos e retira o seu valor de sua quantidade limitada e por ter curso forçado.

A moeda escritural é a moeda que fica nos bancos. É o depósito bancário, o qual, em volume, é muito maior do que a moeda legal. A quantidade de notas de cruzeiros que circulavam entre famílias e empresas, ou seja, "papel moeda em poder do público", era, em 30 de junho de 1980, de 169.459 milhões de cruzeiros, ao passo que o valor da moeda escritural, na mesma data, era de 818.266 milhões, isto é, quase cinco vezes maior (*Conjuntura Econômica*, agosto de 1980). Nós movimentamos a moeda escritural, hoje em dia, através de um instrumento de crédito chamado "cheque". A moeda não é o cheque; este é meramente o meio de transmissão da moeda. Quando pago alguma coisa com cheque, estou transferindo parte de meu depósito para o vendedor. Portanto, o volume de moeda escritural é constituído pelo conjunto dos depósitos bancários.

Como vimos, o ouro continua sendo a moeda fundamental para as transações entre países. Assim, o Brasil não pode pagar dívidas aos EUA ou a outros países com cruzeiros. Se pudesse, bastaria imprimir os cruzeiros e pagar. Assim jamais teríamos dívida externa. Acontece que os cruzeiros só têm curso forçado aqui no Brasil. Os vários países só podem fazer pagamentos uns aos outros com uma moeda aceitável para todos, ou seja, com o que Keynes chamou uma vez de "relíquia dos bárbaros": o ouro. Só serve o ouro ou outra mercadoria igualmente valorizada e aceita por todos por ter valor intrínseco.

7. A "criação" de moeda

P – *Já que não há mais uma relação entre lastro metálico e moeda, nem legal, nem escritural, o que determina a quantidade de moeda que vai existir no país, a chamada oferta de meios de pagamento?*

Singer – Bem, o que você deseja saber é como se cria a moeda.

Esse é um dos mistérios que as pessoas às vezes não entendem. Por que se diz que o banco "cria" moeda? Se o banco recebeu dez mil cruzeiros de depósito, em moeda legal, este valor se transformou em moeda escritural. Dos dez mil cruzeiros depositados, vamos supor que dois mil vão para o Banco Central. Os outros oito mil o banco vai reemprestar o mais depressa que puder, senão ele terá prejuízo. O lucro do banco está nos juros que ele vai obter sobre esses oito mil. Vamos imaginar que o empréstimo será concedido a um comerciante. O empréstimo é dado não em notas, mas mediante a abertura de crédito, isto é, de um depósito de oito mil cruzeiros, do qual o comerciante pode sacar por meio de cheques. O primeiro depósito de dez mil cruzeiros se transformou num depósito de dezoito mil: os dez mil iniciais mais os oito mil que alguém recebeu emprestado. Essa pessoa, por sua vez, vai fazer pagamentos com cheques, provavelmente, ou seja, vai transferir esse depósito a outras pessoas. Vamos supor, para facilitar o raciocínio, o seguinte: o primeiro depósito foi feito no Banco Itaú, que emprestou Cr$ 8.000,00 para o comerciante. Este fez um pagamento só, para alguém que o depositou no Bradesco. O Banco Bradesco recebeu agora oito mil cruzeiros de novo depósito, tira 20%, que seriam Cr$ 1.600,00, para o Banco Central, e os Cr$ 6.400,00 que sobram serão emprestados a um chefe de família, que vai pagar o aluguel. O locador, por sua vez, irá depositar esses Cr$ 6.400,00 no Banco do Brasil. Este último tira 20% deste novo depósito e o resto ele vai reemprestar e assim por diante. Assim se cria uma série de depósitos a partir do primeiro, uma série que é decrescente, porque em cada passo 20% dos novos depósitos, por hipótese, vão para o Banco Central. Se não houvesse esse desvio para a formação de encaixe, um único cruzeiro colocado nesse sistema cresceria infinitamente, ele se multiplicaria sem parar. Mas nunca acontece isso porque sempre é necessário formar encaixe, já que há retiradas do sistema bancário, ou seja, conversão de moeda escritural em moeda legal.

Estamos, assim, começando a responder à pergunta. Quando o governo emite notas, ele sabe que essas notas vão bater nos bancos – não todas, mas uma grande parte. A emissão de moeda legal aumenta os depósitos dos bancos. O governo conhece o multiplicador de moeda legal em escritural. No exemplo dado, cada dez mil cruzeiros que entram num banco vão gerar um total de cinquenta mil cruzeiros de depósitos novos. O multiplicador seria de cinco porque 1/5 dos depósitos é desviado para o encaixe. Se esta proporção fosse de 1/6, o multiplicador seria de 6 e assim por diante. O governo regula o crescimento do volume de moeda (escritural e legal) aumentando ou diminuindo o encaixe, e aumentando ou diminuindo a moeda legal, que é a origem da moeda escritural. Entre moeda escritural e moeda legal há uma relação necessária. Os cruzeiros, impressos pelo governo, entram no sistema bancário, que os multiplica por uma cadeia de reempréstimos, que será mais longa ou mais curta conforme o tamanho do encaixe. Esta é, fundamentalmente, a forma que o governo tem de regular a quantidade de dinheiro, tanto moeda legal como escritural, que circula no país.

8. O valor da moeda

O que mais interessa em toda discussão sobre a moeda é o seu valor. O que mais fascina as pessoas é que o poder de compra da moeda vai se alterando, em geral, para menos. Mil cruzeiros hoje compram muito menos do que há um ano. Os economistas consideram que a explicação do valor da moeda é dada pela seguinte equação:

$$M = \frac{Q \times P}{V}$$

P são os preços, e Q é a quantidade de mercadorias que são compradas e vendidas no país durante um período, digamos, de um ano. Q x P é o valor de todas as transações que se fazem no país, desde a compra de pão na padaria até o pagamento de aluguéis e de impostos. P representa o preço unitário de cada automóvel, de cada sanduíche etc. e Q a quantidade dessas coisas que são transacionadas. V é a velocidade média de circulação, isto é, o número médio de vezes em que a mesma unidade monetária, o mesmo cruzeiro, foi usado para alguma transação durante o ano. Obviamente, podemos usar um cruzeiro fazendo uma compra num bar, cujo dono, em seguida, faz outra transação, pagando-a com o mesmo cruzeiro e assim por diante, de modo que a mesma moeda pode funcionar todo dia uma vez, ou seja, 365 vezes por ano. Outras moedas funcionarão menos vezes. V é, portanto, uma velocidade média, ou seja, ela representa o número médio de vezes em que todas as moedas do país, legais e escriturais, são usadas durante o ano.

P x Q é o valor de todas as transações do país. Imaginem se tivéssemos uma grande caixa registradora ou um computador, e, cada vez que alguém no Brasil fizesse algum pagamento, ele seria registrado no cérebro desse computador. Ao fim de um ano, sua soma daria um certo valor, um certo número de bilhões de cruzeiros. M é a quantidade de moeda que havia durante este ano para fazer essas transações. P x Q dividido por M dá o V, ou seja, dá a quantidade média de vezes que cada cruzeiro serviu para fazer algum pagamento. Transpondo os termos, obtém-se:

$$M = \frac{Q \times P}{V},$$

que se chama "equação quantitativa do valor da moeda". Ela é uma identidade, isto é, a proporcionalidade entre o valor das transações (Q x P), o volume de moeda (M) e a velocidade média de circulação (V) é necessariamente esta, sem que se saiba se alguma destas variáveis determina as outras.

A discussão dessa fórmula gira em torno da questão de "o que determina o quê". Os economistas da chamada Escola Monetarista, que hoje está numa certa voga, tanto no Brasil como nos EUA e na Europa, dizem que esta equação deveria ser escrita da seguinte maneira:

$$\frac{M \times V}{Q} = P$$

Estamos apenas trocando a posição dos símbolos; matematicamente, é a mesma equação inicial. Por que ela deveria ser escrita assim? Dizem os monetaristas que, dessa forma, se mostra que o nível de preços é resultante da quantidade de moeda. Se V for mais ou menos constante e se a quantidade de transações Q, que depende do nível de produção do país, for dada, o aumento de M faz com que necessariamente o nível de preços P suba, e esta é a explicação da inflação. A inflação seria a consequência de uma expansão exagerada de M, do volume de meios de pagamento. A identidade é interpretada no sentido de que o volume da moeda determina P, o nível de preços.

9. O controle da oferta de moeda

Ora, M é controlado pelas chamadas autoridades monetárias, isto é, pelo ministro da Fazenda e pelo presidente do Banco Central, no Brasil. Essas pessoas têm o direito de decidir basicamente quanto de moeda legal vai circular e quanto de depósitos bancários poderão ser criados pelos bancos, através da fixação do encaixe. Esses são os dois instrumentos fundamentais que o governo usa para controlar M. Existe um terceiro instrumento, com muita fama no Brasil, que provavelmente não tem tanta importância, que é o chamado *open market*, o mercado aberto. O que é o mercado aberto? É uma forma de o governo tomar empréstimos. O governo, como qualquer outra entidade, seja uma empresa, ou um indivíduo, pode tomar dinheiro emprestado. Para tanto, ele também tem de emitir os seus instrumentos de crédito, que no Brasil chamam-se ORTN (Obrigações Reajustáveis do Tesouro Nacional) ou LTN (Letras do Tesouro Nacional). Estes são instrumentos de crédito públicos, títulos da dívida interna pública, ou seja, da dívida que o governo assume com quem lhe empresta dinheiro. Há uma grande quantidade desses títulos em circulação, o que permite ao governo alterar M. Se o governo quiser aumentar o M, ele recolhe os seus próprios títulos, ou seja, ele compra ORTNs e LTNs. Ao fazer isso, o governo paga as vendedoras desses títulos em cruzeiros e a quantidade total de cruzeiros em circulação aumenta. Se o governo quiser reduzir o M, "enxugar", como se diz, o excesso de moeda, ele coloca mais ORTNs no mercado; ao vender seus títulos, o governo recebe em cruzeiros que recolhe, reduzindo a quantidade de moeda em circulação. Portanto, através do *open market*, através da determinação dos depósitos obrigatórios dos bancos comerciais no Banco Central e através da emissão de moeda legal, o governo tem um controle bastante razoável sobre esse M. Quem determina o M não é só o governo, evidentemente, mas ele tem, mais do que qualquer outra entidade isolada, poder para influir no crescimento da massa de meios de pagamento do país.

Por que esse controle não é total? Em algumas circunstâncias o governo gostaria que o M crescesse e ele não cresce. Quando há uma crise muito forte na economia, como já aconteceu nos anos 30, o governo colocava dinheiro nos bancos, mas estes não tinham a quem emprestar, porque se produzia muito pouco, se vendia muito pouco e por isso não havia necessidade de se tomar mais dinheiro emprestado. E o dinheiro ficava dormindo nos bancos. O que mostra que não é verdade que o governo possa fazer com o M o que ele quiser. Mas numa situação de inflação em que ninguém guarda dinheiro (quando os preços sobem sempre, e portanto o valor da moeda está sempre decrescendo, guardar dinheiro é uma loucura), a possibilidade que o governo tem de reduzir ou aumentar o volume de moeda é considerável.

A posição dos chamados monetaristas é bastante simples: se há inflação, a culpa é das autoridades monetárias, que são frouxas, que não têm moral e estão emitindo cruzeiros à vontade ou estão deixando os bancos multiplicarem exageradamente os depósitos bancários, ou estão jogando dinheiro no *open market*. A responsabilidade pela inflação seria sempre das autoridades monetárias. Essa é a tese dos monetaristas, que uma série de economistas renomadíssimos defende. Segundo essa tese, se o governo quiser, ele acaba com a inflação em curto prazo. Basta segurar o M, tomar medidas de restrição ao crédito, impedir que os bancos multipliquem os depósitos, obrigá-los a depositar no Banco Central maior proporção de cada novo depósito, recolher dinheiro através do *open market*, não emitir mais cruzeiros.

10. A moeda e os preços

Pela equação $\dfrac{M \times V}{Q} = P$, é impossível que os preços cresçam, se o M não cresce; se o M decresce, os preços têm de diminuir. A não ser que o V aumente: em tese, havendo menos cruzeiros, é possível utilizá-los mais intensamente. Mas a velocidade com que se fazem pagamentos depende de uma série de rotinas, que dificilmente são alteradas em curto prazo. De modo que, em última análise, o problema da inflação dependeria da firmeza das autoridades monetárias, seria um problema de "moral".

Porém, isto não é verdade. Quando o governo começa a querer reduzir o ritmo de expansão de M (sem falar, sequer, em reduzir o seu volume), todo mundo começa a reclamar: os comerciantes, os industriais, os agricultores. Começa a surgir um queixume que cresce aceleradamente. Porque a expansão de M em ritmo *menor* do que P estrangula a vida econômica num país capitalista. O crédito é o oxigênio de que necessita a acumulação de capital. Para formar estoques ou ampliar a capacidade produtiva, os empresários recorrem ao crédito. Se este se contrai, a acumulação para.

Os preços não crescem por causa do M, mas por outras razões: fundamentalmente porque a economia capitalista não é planejada. É uma economia que funciona através de trocas, em que oferta e demanda se ajustam por um processo de tentativa e erro, como vimos na primeira aula. Então, necessariamente surgem discrepâncias, desequilíbrios que formam os chamados *pontos de estrangulamento*. A economia capitalista não *pode* ser planejada, à medida que cada pequeno, médio e grande empresário é muito cioso da sua autonomia, da sua liberdade de iniciativa, do seu direito de comprar ou não comprar, aumentar ou não a produção, empregar ou não mais gente. Sendo assim, a economia funciona um pouco ao acaso, ao sabor das circunstâncias, dando lugar a movimentos especulativos. Vejamos o que ocorre, por exemplo, no Brasil. Nos fins de 1979, o governo resolveu limitar os juros dos instrumentos financeiros, prefixando o reajustamento monetário abaixo do ritmo da inflação. Então, as pessoas, quando têm dinheiro sobrando – e sempre tem uma parte da população que tem muito dinheiro e que não quer que esse dinheiro se desvalorize –, compram "bens reais", apartamentos, casas, terrenos etc. como reserva de valor. Em face desse aumento da demanda especulativa, a construção civil, que esteve até então mais ou menos amortecida, passa a aumentar o número de lançamento de prédios de apartamentos e de escritórios. Mas os ramos que sustentam a indústria de construção, a fabricação de cimento, de telhas, de cal etc. não estão preparados para isso. Então, de repente, pode faltar cimento. E o preço do cimento começa a subir. O aumento do preço de cimento tem por função aumentar o lucro das fábricas de cimento para que possam acumular capital e aumentar sua produção.

O tempo todo coisas assim acontecem numa economia que cresce. Quando ela está mais ou menos estagnada, situações como essa são mais raras porque as relações entre os vários mercados permanecem estabilizadas. Mas numa economia que se desenvolve e que se diversifica, como a brasileira, onde estão surgindo novos ramos industriais o tempo todo e se passa a produzir coisas que antes se importavam, é altamente provável, para não dizer inevitável, que surjam desequilíbrios intersetoriais, pontos de estrangulamento, que só após algum tempo vão ser resolvidos. Os preços aumentam por pressões do lado real da economia, e não do lado monetário.

Depois que os preços já subiram, os comerciantes, os agricultores, os industriais que precisam de moeda para transacionar mercadorias com o preço aumentado vão aos bancos retirar mais dinheiro. Os empresários, em geral, compram a prazo. Agora, quem vende, por exemplo, a matéria-prima para a indústria não pode esperar noventa dias para receber. Então ele emite uma duplicata que o industrial, que comprou, assina (endossa). O banco comercial aceita essa duplicata como garantia, adianta o dinheiro através de um depósito, que é aberto em nome do vendedor. Esse é o principal negócio bancário. Ora, as duplicatas refletem a elevação de P: à medida que as mercadorias vendidas têm seus preços aumentados, o borderô, ou seja, o conjunto de duplicatas que todo o mês é levado ao banco para descontar, terá um valor maior.

11. O controle monetário da inflação

Quando a autoridade monetária tenta pisar no freio monetário, os bancos não têm como ampliar o crédito, sendo obrigados a não descontar todas as duplicatas que lhes são oferecidas, o que deixa os comerciantes, industriais e agricultores em dificuldades. Todo mundo, evidentemente, gostaria que a inflação acabasse – mas não às suas custas. Cada vez, então, que se tentou aplicar o chamado "remédio monetário", cada vez que se tentou realmente conter a inflação tirando o oxigênio da economia, de fato a inflação caiu, mas à custa de uma brutal recessão. Pinochet fez isso no Chile, mas o produto nacional chileno caiu 20% durante vários anos e o desemprego naquele país alcançou 1/4 da força de trabalho. O preço social e o preço econômico para acabar com a inflação pisando no freio monetário, reduzindo a massa de meios de pagamento, são enormes.

A posição monetarista não é propriamente errada. Ela simplesmente se recusa a encarar a seguinte questão: *por que* as autoridades monetárias agem como agem. O problema tem de ser colocado em termos políticos e não morais. Já houve muitas inflações. Cada inflação tem uma história diferente. Há as inflações da época da guerra, por exemplo. Quase sempre guerras causam inflação. Obviamente, a guerra significa um tremendo choque para a economia: de repente, o país tem de substituir o melhor de sua mão de obra, que é incorporada ao exército, por gente inexperiente; em consequência, diminui a produtividade. Ao mesmo tempo, outros que estavam produzindo alimentos, roupas etc. têm de produzir canhão, bala, metralhadora, avião etc. Começa a faltar de tudo e os preços sobem. Os gastos bélicos do governo se elevam subitamente, o que não estava previsto no orçamento.

Como o governo pode cobrir estes dispêndios extraordinários? Cobrar impostos? É impossível; nenhum país em guerra financiou seu orçamento bélico com impostos, porque os contribuintes não têm como pagar, de um momento para outro, tributos muito maiores. Então, necessariamente, o governo imprime dinheiro, ou faz o Banco Central abrir para ele um crédito ilimitado e vai comprando o que pode. Isso dá inflação, é lógico. Pode-se dizer que a culpa é do presidente do Banco Central, que cedeu ao governo? Isso seria bobagem. Com o país numa situação de ganhar ou perder uma guerra, o governo não pode fazer calculinhos para manter os preços estáveis. Portanto, em época de guerra, praticamente, sempre há inflação e mais ainda em época de guerra civil: os dois lados emitem moeda à vontade, porque eles precisam do material, dos soldados, das armas, para tentar ganhar.

Também, em épocas de luta de classes acelerada, geralmente há inflação. A causa costuma ser a famosa espiral preço-salário. Há um setor da economia que é altamente monopolizado, que produz mercadorias não padronizadas, que podem ser bastante diferenciadas, como a indústria automobilística e outras indústrias de bens duráveis de consumo, no qual se concentram grandes empresas – no Brasil, geralmente multinacionais. Nessa área da economia, os operários tendem a ser melhor organizados, são os "metalúrgicos". No mundo inteiro, os metalúrgicos são a vanguarda da classe operária, e não por acaso, pois trabalham em grandes empresas e têm condições de obter bons salários. Por quê? Porque as empresas passam os salários aos preços, o que em outros setores da economia (como vimos na aula anterior) não é tão fácil. Assim, nos setores em que há uma porção de empresinhas, como é o caso da agricultura, por exemplo, com uma maioria de produtores individuais de mercadorias, aumentos de salários dificilmente podem ser passados aos preços. Mas o setor monopolizado da economia pode dar e dá aumentos grandes de salário – menos no Brasil do que nos EUA, Europa, Japão –, aumentando a seguir os preços dos seus produtos. Sobe o custo de vida, de modo que os operários têm de pedir mais aumento de salário, as empresas o concedem de novo e aumentam ainda mais os preços. Resulta daí que P aumenta. Consequentemente, as autoridades monetárias sofrem pressão para aumentar o M – porque é preciso descontar as duplicatas, que o crédito funcione, que a economia cresça. Se as autoridades pertencem à escola monetarista e tentam impedir que o volume de moeda se expanda, começa a recessão, que será atribuída ao governo. É provável que após algum tempo os responsáveis caiam do ministério e do Banco Central, porque, a longo prazo, nenhum país aceita viver em estagnação ou com contínuas recessões, com muito desemprego, só para ter estabilidade de preços.

A espiral preço-salários – que frequentemente é gerada numa área da economia e se transmite ao resto –, as guerras, o desequilíbrio no balanço de pagamentos ou outros acontecimentos "desequilibradores" jogam P para cima. A expansão monetária, em última análise, acompanha o aumento dos preços, mas não é a causa dele, como a escola monetarista sustenta. Inegavelmente há uma relação entre preços e moeda. Mas não é correto afirmar que o combustível monetário causa o incêndio da inflação. É exatamente o contrário, são as contradições da anarquia de mercado, de uma economia não planejada que geralmente levam os preços para cima e, como resultado, impõem a expansão correspondente do volume de meios de pagamento. Quando a oferta de moeda não está sintonizada com os preços, há uma crise.

Na verdade, essa crise é inevitável porque, passado um certo nível, a inflação torna-se nociva. Uma inflação de 5% é uma coisa, uma inflação de 50% é outra. O nível a partir do qual a inflação se torna intolerável é objeto de muitas divergências entre os economistas. É provável que cada economia nacional, devido à sua própria experiência histórica, tenha uma tolerância específica à inflação. Dizem que os EUA, por exemplo, não toleram inflação de dois dígitos; até 9% vai tudo bem, quando ela chega a 10% começa a haver sérias tensões e o perigo de que os 10% acabem por se transformar rapidamente numa inflação de 100%, porque os operários não esperam para exigir aumento dos salários, as empresas aumentam imediatamente os preços e isso pode gerar uma bola de neve de aumentos seguidos, e cada vez maiores. Em virtude disso, no caso dos EUA, quando a inflação passa dos 10%, a tendência é que as autoridades monetárias restrinjam o crédito e joguem a economia em recessão. Num país como o Brasil, em que de 20 a 30% de inflação é uma taxa considerada moderada, dada nossa experiência anterior, para se chegar a uma situação tida como perigosa, a inflação tem de atingir 80%. Mas isso não importa muito: é mais fácil a inflação chegar a 80% no Brasil do que a 10% nos EUA.

O fato é que conter monetariamente a inflação não é solução, porque logo depois ela ressurge. O ideal seria que com a inflação se pudesse viver e ir crescendo. Mas não é o que acontece. A inflação praticamente adia o ajuste de contas, isto é, permite que a economia continue crescendo por mais algum tempo, apesar de suas contradições, até que a inflação seja tão alta e imprevisível que atrapalhe o cálculo econômico dos empresários. Então, o consenso político manda dar máxima prioridade ao "combate à inflação", o que leva à subida de algum monetarista ferrenho ao Ministério da Fazenda, o qual realmente impõe forte restrição ao crédito, e a economia entra em fase de baixa no ciclo de conjuntura, assim ficando pelo tempo necessário para que a inflação caia, para que passe de 80 para, digamos, 20%. Nesta altura, o consenso político muda, sobe outro ministro que desafoga o crédito e inicia um milagre econômico, que desemboca necessariamente, após certo período, numa nova inflação.

12. A correção monetária

A última coisa a mencionar, ainda, é a correção monetária. O Brasil é, nesse sentido, pioneiro. Como temos uma experiência de inflação muito antiga e muito violenta, inventamos uma nova moeda através da chamada indexação, ou reajustamento monetário de vários preços. Entre estes está o valor nominal dos títulos do governo, os aluguéis, as dívidas para com a Previdência Social, o Banco Nacional da Habitação, o fisco e, por extensão, os salários, as tarifas dos serviços públicos e assim por diante. Hoje esses reajustamentos estão mais ou menos se unificando numa outra moeda que é a UPC, a Unidade Padrão de Capital. A UPC é uma moeda de conta, que o governo usa para reajustar as ORTNs, as Obrigações Reajustáveis do Tesouro Nacional. O funcionamento da ORTN permite entender a UPC e o que significa uma moeda de conta.

A ORTN é um título adquirido por alguém que emprestou dinheiro para o governo, que deverá ser devolvido, digamos, um ano depois. Mas quanto dinheiro? Se o valor do cruzeiro fosse constante, seria fácil: seriam mil cruzeiros de volta, mais 5 ou 6% de juros. Mas acontece que, num país de inflação perene como o Brasil, de inflação oscilante e imprevisível, esses mil cruzeiros daí a um ano vão valer menos, mas não se sabe quanto. Então o governo publica um índice, chamado UPC, cujo valor vai variar cada três meses de acordo com a inflação realmente verificada e que "corrige" o valor das ORTNs. Quatro trimestres depois, os mil cruzeiros vão valer, por exemplo, Cr$ 1.770,00. A correção é aplicada às ORTNs, às Cadernetas de Poupança e a inúmeras transações oficiais e entre particulares (por exemplo, os aluguéis) em todo o país.

Então, realmente, ao lado do cruzeiro, existe uma outra unidade monetária, que não é de curso forçado, mas de semicurso forçado. Por exemplo, a Lei do Inquilinato permite que seja contratado um aluguel variável. Isto significa que o aluguel é cotado numa moeda que não o cruzeiro e que, em princípio, tem valor constante. Como a UPC deve subir com o índice geral de preços, o valor da UPC seria constante. Dá a impressão de que superamos a inflação de uma forma maravilhosa: temos uma inflação em cruzeiros, mas nenhuma inflação em UPC. Só que, quando isso se faz, a inflação em cruzeiros passa a ser muito difícil de diminuir, porque todos fazem suas contas com a UPC. Ninguém empresta dinheiro a não ser em UPC. Quem toma dinheiro emprestado para fazer negócios também tem de formar os seus preços em relação à UPC, para poder devolver o empréstimo em UPC. Em última análise, se a inflação chega a um certo nível, ela nunca pode diminuir, porque as pessoas estão sempre projetando esse nível para a frente.

Trata-se das famosas "expectativas inflacionárias", que decorrem não de impressões subjetivas, mas de contratos reais, que implicam que o preço de cada produto tem de acompanhar o dos demais sob pena de as empresas ficarem insolventes. Como o governo sempre trata de ter o monopólio da emissão de tudo que serve como moeda – inclusive da UPC –, em 1979 ele resolveu prefixar a inflação: ela vai ser no máximo de 45% em 1980. Quer dizer, a UPC, que até então era a moeda de valor constante, que aumentava de acordo com o índice geral de preços, fosse ele quanto fosse, em 1980 só poderia aumentar até 45%. Mas, de fato, os preços subiram mais que o dobro desta proporção. Logo, em 1980, houve uma inflação em cruzeiros, e outra em UPC, que também se desvalorizou.

13. Monetaristas e estruturalistas

Para terminar, pode-se dizer que os economistas, como em tudo o mais, se dividem em dois grupos, relativamente ao significado da moeda. Um que acredita que a moeda é fundamental, que ela determina a prosperidade ou a ruína de um país, causa ou não inflação etc. O papa dessa escola é o economista americano Milton Friedman, que acredita que o Estado não tem de se meter em absoluto na economia, a qual deve ser gerida pela sociedade civil, ou seja, pelos capitalistas. Para Friedman, a única função que o Estado tem na economia é regular o volume de moeda de forma tal que ele não cresça mais do que a própria produção, ou seja, do que Q. Se M crescer junto com Q, supondo V constante, os preços não podem crescer, a inflação será zero e estaremos no melhor dos mundos. Nem todos adotam a posição extrema de Milton Friedman, mas é grande o número de economistas que acreditam que o que se faz com o M tem muita importância para a economia. A outra parte dos economistas crê que o importante é o que as empresas produzem, se elas oferecem mais ou menos empregos, como se dá a distribuição da renda etc. A moeda, em última análise, é um epifenômeno, é mais ou menos um reflexo do que acontece do lado real da economia. Ela pode ser usada como freio para o crescimento da economia. Mas não se pode fazer o contrário, ou seja, fazer com que uma economia que não está crescendo passe a crescer através da manipulação da moeda. Portanto, como disse Galbraith, a moeda é como um barbante: dá para puxar, mas não para empurrar. Essa é a outra posição. É provável que a controvérsia entre monetaristas e estruturalistas ainda vá perdurar por muito tempo.

14. Perguntas e respostas

P – *Como se dá a desvalorização do cruzeiro em relação ao dólar?*

Singer – O poder aquisitivo de cada moeda é dado pela equação $M = \dfrac{PQ}{V}$, portanto, pela quantidade de moeda que existe sobretudo sob a forma de depósitos bancários, em relação ao valor das mercadorias que são transacionadas com ela. O valor do dólar depende da inflação em dólar, assim como o valor do cruzeiro depende da nossa inflação. A evolução do nível de preços (P) determina o poder de compra interno da moeda em cada país; entre esses poderes de compra há uma relação que se chama "de paridade", a qual pode ser e é calculada. Para tanto, toma-se uma cesta de mercadorias que corresponde ao consumo de uma família média (alimentos, lugar para morar, vestuário etc.) e verifica-se quantos dólares ela custa em algumas cidades americanas e quantos cruzeiros em algumas cidades brasileiras. Comparando-se esses valores, obtém-se a relação de paridade entre o cruzeiro e o dólar.

Agora, o câmbio, que é a relação de troca de uma moeda por outra, não tem muita relação com a paridade. Porque o câmbio funciona nas trocas reais entre os países. O valor do dólar no Brasil é dado por empresários que usam o dólar, para fazer pagamentos nos EUA e em outros países que o aceitam como meio de pagamento. O dólar no Brasil tem alto valor porque compramos muita mercadoria dos EUA, tomamos-lhes dinheiro emprestado, que temos de devolver, além de pagar juros. Muitas empresas americanas, sediadas no Brasil, remetem lucros, juros, *royalties* para os EUA e, para tanto, precisam de dólares. Por tudo isso, o dólar é provavelmente supervalorizado em nosso mercado cambial. Em compensação, o cruzeiro nos EUA é subvalorizado, pois o que os americanos compram do Brasil é pouco, relativamente ao volume do seu comércio internacional.

A taxa de câmbio não é a mesma em cada país, ela não é determinada pelo nível geral de preços do país, mas pelo tipo de intercâmbio que há entre os países. O dólar, de uma forma geral, tem um valor grande em todos os países porque ele serve de moeda internacional em lugar do ouro. Durante muitos anos os americanos mantiveram o preço do ouro, em dólares, constante: 35 dólares por onça de ouro. Eles puderam fazer isso porque tinham quase todo o ouro do mundo. Então os demais países, os seus comerciantes e bancos aceitavam o dólar como se fosse ouro. Mas isso acabou em 1971, e de lá para cá o preço do ouro passou a ser um preço político, um preço determinado pelos Bancos Centrais entre si. Há também o chamado mercado livre de ouro, que é especulativo: quando há crise nas relações internacionais, as pessoas compram ouro de forma especulativa, e o preço deste sobe desmensuradamente. Mas isso não tem nenhuma relação com o dólar, nem com o cruzeiro, cuja relação com o ouro praticamente desapareceu.

P – *Se o ouro tem grande importância nas relações internacionais, como é que fica a situação de um país com grande produção de ouro?*

Singer – Ótima. O único país que hoje é grande produtor e exportador de ouro é a África do Sul. Desde a crise do petróleo, o preço do ouro começou a subir, o que proporcionou à África do Sul uma situação maravilhosa, ganhando tanto ou mais do que os países produtores de petróleo. Pode ser que, no futuro, o preço do ouro caia, o que faria esse país ficar em dificuldades. Mas o ouro é uma mercadoria como qualquer outra, tem o seu custo de produção. Só há dois países que produzem ouro em grande escala no mundo: África do Sul e URSS, que o usam para fazer pagamentos. A produção da URSS é pequena em relação à da África do Sul, que detém praticamente o monopólio do fornecimento do ouro novo para os demais países. Mas o ouro novo não é usado apenas como moeda. A odontologia é grande usuária de ouro, assim como a ourivesaria. Porém, uma parte desse ouro é captada para formar tesouro e para fazer pagamentos de um país a outro. Se o preço do ouro cair abaixo do seu custo de produção, a produção de ouro novo cessa. Mas essa hipótese é improvável, enquanto o ouro servir como material monetário a todos os países.

P – Se amanhã o ministro do Planejamento fosse estruturalista, que política ele colocaria em prática?

Singer – Se fosse para combater a inflação, ele colocaria em prática medidas de controle direto dos preços. Tentaria tabelar preços, limitar e regular o aumento de salários e sobretudo abrir os pontos de estrangulamento à medida que se possa reconhecê-los. Isso significa aumentar a intervenção do Estado na economia, tentando reduzir os atritos e desequilíbrios de modo a diminuir os impulsos para o aumento de preços do lado real da economia. E deixaria a moeda acompanhar os aumentos de preços que fossem inevitáveis. Essa seria a solução estruturalista: tentar corrigir a economia nas suas contradições na medida do possível, usando o poder do Estado. Implica tabelar preços e dar subsídios à agricultura, porque estão faltando alimentos, ou à exportação, porque está havendo desequilíbrio na balança de pagamentos etc. A política de 1980 do ministro do Planejamento não é monetarista e nisso não há contradição; pode até convir ter um monetarista no Banco Central e um estruturalista no Ministério do Planejamento. O resultado depende da relação de poder entre eles. A função do monetarista é criar uma expectativa de suspensão de crédito, de modo que os dirigentes dos oligopólios tenham receio de aumentar os preços, pois o aumento da inflação "pode" induzir o governo a aplicar uma política recessiva.

P – *Qual é a relação que a correção monetária tem com a inflação?*

Singer – Uma relação possível seria a seguinte: quando há inflação significativa, nem as pessoas nem as empresas poupam dinheiro, porque este se desvaloriza. Ora, numa economia capitalista, se não houver poupança, não há acumulação de capital. A acumulação de capital é financiada através da poupança, não só da empregada doméstica ou do pequeno proprietário, mas também das grandes empresas. Logo, as alternativas são: ou se acaba com a inflação, ou se reajusta monetariamente as dívidas. Ou então se permite, como fazem os americanos, que a taxa de juros seja superior à inflação. Mas aqui os juros teriam de ser de 70 ou 80%, e ninguém se arrisca a contratar empréstimos por taxa tão alta, porque, se a inflação for menor, o devedor perde muito. Portanto, a correção posterior dos débitos é a melhor solução, pois ela não requer compromisso fixo; o devedor paga a mais porque a inflação foi maior, mas ele também ganhou mais dinheiro, porque os seus preços estão sendo igualmente majorados. Graças à correção, instrumentos de crédito do tipo Caderneta de Poupança viabilizam poupanças vultosas, apesar da inflação.

P – *A respeito da equação* $M = \dfrac{PQ}{V}$ *eu queria fazer duas perguntas: primeiro, sobre a importância de Q e de V; segunda, sobre a relação entre elas, que eu acho que existe, porque, quanto maior a quantidade das transações, maior a velocidade da moeda.*

Singer – Realmente demos mais ênfase ao P e ao M, porque é o que todo mundo discute. O Q é um reflexo do Produto Interno Bruto. A princípio Q representa a quantidade de mercadorias que foram realmente produzidas. Q não é igual ao PIB, porque uma mesma mercadoria é transacionada mais de uma vez: ela passa do produtor ao intermediário, deste ao atacadista etc. Mas, há uma relação de proporcionalidade muito forte entre o Q e o produto nacional. Se o PIB no Brasil cresce 6% ao ano, você pode supor que o volume de mercadorias transacionadas no país também terá crescido 6% ao ano. O V é uma média aritmética que não tem nenhum significado econômico em si. Ele resulta de uma imensa quantidade de ações diferentes. Temos desde o pobre que ganha salário mínimo, que na hora em que recebe o dinheiro já começa a gastar, paga o vendeiro, o quitandeiro, o aluguel, ou seja, recebe o dinheiro no dia 10 e no dia 12 ele já está quase a zero, sobrando só aquele dinheirinho para pagar a condução. Então o cruzeiro dele gira com grande velocidade. O merceeiro é outro pobre, cujo dinheiro, que recebe no dia do pagamento dos operários, vai ser levado ao banco, para pagar os fornecedores; temos aí uma área da economia em que o dinheiro é pouco e gira com uma velocidade muito grande. No outro extremo da escala social, temos o milionário, que recebe pagamento mensal – um salário, um ordenado –, depois pagamentos trimestrais pelos seus investimentos em ORTNs, que são creditados em sua conta bancária, tem retiradas anuais de uma série de negócios etc. O milionário reúne em seu bolso somas de muitas fontes, gastando apenas uma fração pequena em consumo e o restante ele mantém em disponibilidade para aplicar especulativamente, na Bolsa de Valores, em títulos etc. Nesta área, provavelmente, a moeda gira muito mais devagar. Também as empresas têm ritmos de compras e vendas e pagamentos diferentes. V é resultante de tudo isso. Pode-se dizer que, em geral, quando há inflação, V cresce. Agora, quando a inflação é perene, como é o caso do Brasil, é provável que o V já tenha chegado ao máximo. Estamos numa situação em que todos já sabem que não é vantajoso guardar dinheiro. Com uma inflação de 6% ao mês, qualquer dinheiro que só vá ser usado daqui a três meses é imediatamente posto na Caderneta de Poupança, ou aplicado em algum título. Por tudo isso, penso que não se deve atribuir a V um papel ativo; ele é uma espécie de reflexo dos variados ritmos de pagamentos de toda a economia.

P – *No caso de a inflação ser maior que a UPC planejada, os devedores em UPC ganhariam relativamente. Mas os credores de UPC, no caso, seriam prejudicados. Como é que eles reagiriam a isso?*

Singer – Quando há inflação, de uma forma genérica, alguém sofre prejuízo. A inflação não é uma coisa neutra, ela redistribui renda e o faz de forma aleatória. Não se pode supor que sempre a burguesia ganha e o proletariado perde. Isso depende. Se o proletariado tiver um movimento sindical poderoso e escala móvel de salários, ele não perde. Mas setores da burguesia que não conseguem reajustar os seus preços na frente dos outros, perdem.

Quando o governo interfere na inflação com o propósito de detê-la ou diminuí-la, ele necessariamente está redistribuindo renda. Existe interesse por parte do governo em preservar a ordem constituída. A sua principal função é essa. Nesse propósito geral, o governo coincide, é claro, com a classe dominante, que também quer isso. Mas, para que o governo cumpra essa função, ele tem muitas vezes de prejudicar economicamente determinados setores da própria classe dominante. E ele faz isso. Esse é o papel econômico do governo. Por isso Milton Friedman e seus partidários são favoráveis a que o governo não intervenha na economia. Agora, como os governos naturalmente não seguem a cartilha de Friedman, porque seria um desastre, eles interferem e isso torna a relação entre o capitalismo como ele é hoje – monopolista – e a democracia política uma coisa tão complexa. Porque, de um lado, o governo – se é democrático – é o resultante da vontade de uma maioria política constituída, com certos interesses etc., etc. Mas, por outro lado, para manter o conjunto da economia funcionando, o governo não pode deixar de ferir certos setores, inclusive, às vezes, os que ele, governo, representa. Essa contradição se manifesta de uma forma extremamente clara na controvérsia sobre a inflação: uma política violentamente anti-inflacionária corta, em primeiro lugar, os lucros do capital. A classe operária será prejudicada em função da perda de emprego. Uma crise geralmente reduz o emprego, de modo que, em vez de se ter 5% de desempregados, tem-se 10 ou 15%. Então esses 10 ou 15% se arruínam mesmo. Os outros, que mantêm o emprego, geralmente não se prejudicam muito. Porém, o conjunto das empresas, numa situação de crise, vê seu lucro cair a zero. Trata-se de um governo anticapitalista? Não, é claro. O que o governo faz é apenas tentar resolver, ou como se diz atualmente, "administrar" a crise.

Além disso, sempre há capitalistas que são credores, ou seja, que, neste momento, estão recebendo mais dinheiro do que necessitam para acumular capital. Ao mesmo tempo, outros capitalistas estão usando o capital dos primeiros para acumular, para ampliar sua empresa, seu estoque de matérias-primas etc. Então, quando há inflação, os que estão acumulando dinheiro e emprestando para os outros estão perdendo. E os que estão tomando dinheiro emprestado estão ganhando. Ocorre, portanto, uma redistribuição de renda entre os próprios capitalistas. Mas ela também se dá entre gente mais pobre. Assim, há forte controvérsia entre os que querem os aluguéis congelados e os que preferem vê-los liberados. Mas não é verdade que todos os que recebem aluguéis são capitalistas. Uma grande quantidade de locadores é constituída por operários. Uma das formas principais de o operário aumentar sua renda é construir um puxado em sua casa para alugar. Também há muitas viúvas que têm uma casinha ou um apartamento alugado e vivem disso. Então, quando se congelam aluguéis, está-se beneficiando inquilinos que, em geral, não são ricos e está-se prejudicando senhorios, que, em geral, também não são ricos. A redistribuição de renda que a inflação gera corta as classes sociais. Agora, havendo arrocho salarial, aí o conjunto dos empregadores ganha em detrimento dos assalariados. No Brasil, até 1978, a inflação trabalhou a favor de quem empregava gente, e contra todos os assalariados, menos os que tinham poder de barganha muito alto, como os engenheiros, economistas etc. Exceto estes poucos, que eram capazes de aumentar seus salários reais, o grosso dos assalariados perdeu.

P – *Nos países de economia socialista há inflação?*

Singer – Primeiro, quanto aos termos da pergunta: não estou muito convicto de que haja países de economia socialista hoje. Poderíamos nos pôr de acordo e falar de países de *economia centralmente planejada* (que, em geral, são designados como "socialistas"). Nesses países, exatamente porque são centralmente planejados, as contradições e os erros de planejamento não se manifestam sempre sob a forma do crescimento de preços, porque estes são todos fixados a partir de um único centro. Então, se há escassez, por exemplo, de papel higiênico ou de aço ou de cimento, os preços desses produtos não precisam ser aumentados. Quando há escassez com preços baixos, cria-se uma situação que se chama *inflação reprimida*. Isso acontece várias vezes nesses países. É claro que então as mercadorias não são suficientes para todos que querem e *podem* comprá-las. Formam-se filas em todos os pontos de venda e quem chega antes consegue se abastecer. Os demais, não. De uma forma ou de outra, os consumidores são prejudicados. A inflação reprimida tem o seguinte agravante, que é curioso: quando o abastecimento se regulariza, isto é, já dá para atender todo mundo, ainda assim a inflação continua, porque as pessoas não acreditam, e compram muito mais do que o que iriam utilizar. Tudo que não estraga é comprado em enormes quantidades. Consequentemente, a escassez se prolonga muito mais e pode se tornar crônica. Muitas vezes, para resolver o problema da inflação reprimida, o governo decide aumentar os preços, transformando-a em aberta. Então, quem ganha menos, deixa de consumir o produto escasso. Esta é a solução normal no capitalismo, mas, evidentemente, causa revolta. Na Polônia, vários governos já caíram por terem aumentado os preços de bens de primeira necessidade, como o da carne.

Uma solução socialmente mais justa é o racionamento. Se uma coisa falta, ela é distribuída por igual a todo mundo. Outra vantagem do racionamento é que ele acaba com as filas. O principal defeito do racionamento é que as necessidades das pessoas não são iguais. Suponhamos que, num dado momento, a ração de cada indivíduo adulto lhe permita comprar dez cigarros por dia. Como alguns fumam trinta e outros não fumam nenhum, no fim surge um mercado negro em que os não fumantes vendem o seu cigarro para comprar outras coisas.

Essa pergunta mostra o seguinte: do lado real da economia, o que existe são contradições que – por muitas razões diferentes – fazem com que determinados produtos fiquem mais escassos. Inevitavelmente, alguém ou todos têm de consumir menos. O problema está em quais são os mecanismos usados para fazer com que o consumo se ajuste ao volume disponível de produtos. O racionamento é um deles, a inflação reprimida é outro, e a inflação pura e simples, típica dos países capitalistas, é um terceiro.

P – *Como é que funciona o sistema monetário nesses países centralmente planejados?*

Singer – Em princípio, é semelhante ao dos países capitalistas. Todos os produtos são transacionados em mercado. Mesmo os bens de produção são transacionados entre empresas. O governo naturalmente administra os meios de pagamento: moeda legal e depósitos bancários. O aspecto formal, técnico, do sistema monetário é, portanto, o mesmo. Inclusive os bancos pagam juros aos depositantes. E, entretanto, é tudo inteiramente diferente. Não pode haver inflação, a não ser quando o governo resolve que vai equilibrar oferta e demanda de certos produtos, aumentando os preços.

P – *Gostaria que o senhor explicasse como a moeda deixou de ter lastro.*

Singer – Durante um período muito curto da história da moeda, as dos países mais importantes – Inglaterra, França, Alemanha, Estados Unidos, Japão – tinham lastro, de ouro ou prata. O chamado padrão-ouro funcionou durante cerca de cinquenta anos apenas, mas esse período coincidiu com a formação da chamada ciência econômica marginalista, acadêmica. Por isso, essa ciência está toda fixada nesse período da história. Há hoje, entre uma parte dos economistas, sobretudo entre os monetaristas, uma idealização desse período, que é o período do livre-câmbio, anterior à Primeira Guerra Mundial. Na prática, o padrão-ouro aguçava as crises. Quando o sistema começava a entrar em contradição, sendo mais difícil prosseguir o crescimento, porque os preços estavam subindo, o M só podia crescer até o limite do lastro disponível. As autoridades monetárias dessa época praticavam uma espécie de eutanásia do crescimento econômico, automaticamente. Se o lastro diminuía, porque o ouro estava saindo do país para fazer pagamentos no estrangeiro, elas automaticamente comprimiam o M. Acontecesse o que acontecesse. Dessa forma, a cada nove ou dez anos havia crises graves.

Para que o governo pudesse reduzir o impacto das crises e sua frequência, era absolutamente indispensável desvincular as variações do volume de meios de pagamento da quantidade de metal precioso armazenado. O que só foi conseguido sob o calor da pior crise que abalou o sistema capitalista, que foi a dos anos 30.

Um país após o outro foi abandonando o padrão-ouro. O último a fazê-lo foram os EUA, mas por uma circunstância toda especial: no fim da Segunda Guerra, os EUA tinham quase 80% do ouro monetário do mundo inteiro. O que lhes permitiu garantir um preço estável do ouro em dólares. Durante vinte e seis anos, de 1945 a 1971, os americanos vendiam o ouro a quem quisesse, por 35 dólares a onça. De modo que os Bancos Centrais dos outros países podiam manter suas reservas cambiais em metal ou em dólares, já que um era conversível no outro por uma relação fixa. Então, por exemplo, o Brasil tinha 11 ou 12 bilhões de dólares em reservas, para garantir a dívida externa ou enfrentar contingências inesperadas. Havia vantagem em manter essas reservas em dólares sob a forma de títulos do Tesouro dos EUA, para usufruir os juros, já que ouro armazenado não proporciona qualquer rendimento. Resultado: o Brasil e vários outros países guardaram grandes quantidades de dólares. Mas, em 1971, as reservas americanas de ouro estavam exauridas e o presidente Nixon repudiou o compromisso de manter a conversibilidade do dólar em ouro, passando verdadeiro calote nos demais países. A partir de então, o preço do ouro passou a flutuar em dólares, assim como nas demais moedas, o que significou o fim do padrão-ouro e da moeda lastreada.

CAPÍTULO 3
REPARTIÇÃO DA RENDA

1. Como se mede a renda das pessoas e a das famílias?

Convém, antes de discutir as teorias que pretendem explicar a repartição da renda, verificar de que modo se *mede* a renda das pessoas e a das famílias. As informações a este respeito provêm, em geral, de censos e levantamentos de amostras de domicílios.

Os censos demográficos são feitos, no Brasil, de dez em dez anos, desde 1940. Toda população responde um questionário muito simples, que serve para a contagem do número de habitantes e de algumas características – idade, sexo. Um quarto dos domicílios recebe um questionário suplementar bem mais amplo, no qual se recolhem dados sobre outras características da população, inclusive sobre a renda mensal de cada morador, proveniente de trabalho, pensão, juros etc. Desta maneira, sendo 1/4 uma amostra considerada bastante representativa, pode-se apurar quantas pessoas têm renda até 1 salário mínimo, de 1 a 2 salários mínimos e assim por diante, até os níveis mais altos.

Entre um censo e outro, o IBGE realiza anualmente um levantamento de amostra menor, mas ainda assim representativa, de domicílios: a chamada PNAD – Pesquisa Nacional por Amostra de Domicílios, na qual também informações sobre a renda das pessoas e das famílias são obtidas. De modo que é possível ter-se uma ideia aproximada de como a distribuição da renda evolui no Brasil, ano a ano.

As informações obtidas nos censos e PNADs a respeito da renda pessoal estão sujeitas a erros. De um modo geral, sabe-se que os mais ricos declaram *menos* renda do que a verdadeira, ao passo que os mais pobres tendem a se atribuir *mais* renda do que de fato têm. Os mais ricos esquecem de computar na sua renda mensal rendimentos recebidos apenas uma ou duas vezes por ano, como juros, dividendos etc. Além disso, temem que o fisco os atinja se confessarem rendas muito elevadas. Comparando-se a renda dos mais ricos, declarada aos censos e PNADs, com a confessada ao Imposto de Renda, onde a omissão é menor por haver controle das fontes pagadoras, verifica-se que a segunda é bem mais elevada que a primeira.

Os mais pobres, por sua vez, tendem a se atribuir renda um pouco maior que a real, ao que parece por "vergonha". Dados os valores dominantes na sociedade capitalista, pobreza é entendida como fracasso na vida e muitos escondem este "fracasso" pretendendo ter renda maior do que realmente usufruem – muitas vezes próxima de zero.

Desta maneira, as reais diferenças de renda são algo subestimadas pelos censos e PNADs. Mas, como o tamanho do erro presumivelmente não muda de um levantamento a outro, comparando-se os resultados é possível averiguar se a renda se concentrou ou não, se a pobreza absoluta ou relativa cresceu etc.

2. Medidas da concentração da renda

A partir das informações obtidas nos domicílios, pode-se representar a repartição da renda de várias formas. Uma das mais comuns é dividir a população em grupos iguais, dos 10% mais pobres aos 10% mais ricos, e calcular a participação de cada um na renda total. Dentro dos 10% mais ricos se costuma ainda distinguir os 5% e o 1% de maior renda. Uma das maneiras de analisar a evolução da repartição é comparar, no tempo, a participação na renda total de alguns grupos estratégicos, digamos os 40% mais pobres e os 10% mais ricos. Se a participação dos primeiros diminui e a dos segundos aumenta, como tem acontecido no Brasil, obviamente a concentração da renda está crescendo. Naturalmente, a escolha dos grupos é arbitrária, mas este procedimento dá uma ideia bastante adequada do que ocorre.

É possível medir a concentração da renda através de um único número, como o índice proposto pelo estatístico italiano Conrado Gini. O índice de Gini varia entre 0 e 1. O índice 0 corresponde à situação de distribuição inteiramente igual da renda – cada grupo de 10% da população teria 10% da renda global e todos os indivíduos teriam a mesma renda. O índice 1 descreve uma situação oposta, de extrema desigualdade; um indivíduo teria toda a renda do país e todos os demais teriam renda zero. É claro que estas situações extremas são irreais. Elas servem para indicar o sentido do índice de Gini: quando ele está próximo de zero, a renda está pouco concentrada; quando ele se aproxima de 1, a concentração é muito grande. Há outros índices de concentração, além do de Gini, mas este é o mais usado.

3. Desenvolvimento e repartição da renda

Uma das perguntas que os economistas se têm colocado é como o desenvolvimento econômico capitalista afeta a repartição da renda. Não existem séries de estatísticas suficientemente longas e comparáveis – a não ser para alguns países como os Estados Unidos e a Grã-Bretanha – que permitam obter respostas a esta pergunta mediante estudos históricos. O que se faz então é um "corte longitudinal", isto é, se compara um grande número de países, com renda *per capita* diferente, no mesmo momento. Supõe-se que o grau de desenvolvimento é dado pela renda *per capita*. Estas comparações mostram que os países de renda *per capita* muito baixa e renda muito alta têm renda menos concentrada do que os países que estão em posição intermediária, como o Brasil.

Estes resultados são interpretados do seguinte modo: um país não desenvolvido é essencialmente agrário, sua população de camponeses é expressiva, quase todos com renda muito baixa – os ricos são poucos e não muito ricos, o que dá uma repartição pouco concentrada. Com o desenvolvimento, parte da população migra às cidades, onde alguns se tornam empresários, outros burocratas, técnicos etc. com renda bem mais elevada. A renda global cresce e se torna mais concentrada, pois a maioria continua no campo, com renda muito baixa. Nesta fase, que pode durar várias décadas, os benefícios do desenvolvimento seriam usufruídos apenas pelos 5 ou 10% mais ricos da população. Finalmente, no estágio mais avançado da industrialização, o desenvolvimento acabaria por alcançar o resto da população, tornando-se a renda novamente menos concentrada.

Esta teoria lembra a famosa história "vamos deixar o bolo crescer para depois dividi-lo". Ela tende a justificar a concentração da renda como um fenômeno transitório inevitável, sem levar em consideração os processos econômicos, sociais e políticos que regem a distribuição da renda. Estes processos não são os mesmos em cada país. Na América Latina, na maior parte dos países (Brasil, México, Colômbia), a industrialização foi efetivamente acompanhada por concentração da renda, mas o mesmo já não aconteceu em países asiáticos, como Coreia do Sul e Taiwan, nos quais houve reformas agrárias e o desenvolvimento não acarretou maior concentração da renda. Também nos países em que revoluções proletário-camponesas foram vitoriosas (China, Cuba, Iugoslávia), a desigualdade na repartição da renda foi bastante reduzida, graças às mudanças estruturais levadas a cabo. Portanto, é impossível formular uma teoria geral das relações entre industrialização e concentração da renda, aplicável a todos os países, independentemente do seu regime econômico, social e político.

4. Por que há ricos e pobres?

A posição neoclássica

Os economistas procuram responder a esta pergunta de modo diferente, dividindo-se em dois campos distintos. O primeiro corresponde à tradição marginalista ou neoclássica e parte da pressuposição de que todos os indivíduos são proprietários de fatores de produção. Estes são capital (somas de dinheiro ou máquinas, instalações), terra (mais genericamente recursos naturais) e trabalho. As pessoas cedem seus fatores aos empresários, que os usam para promover a produção e, em troca, pagam aos proprietários dos fatores: juros ou dividendos aos capitalistas, renda da terra aos donos de terras e salários aos trabalhadores. O produto é dividido entre os indivíduos em proporção ao valor e à quantidade dos fatores que entregam à produção. A ideia básica é que os empresários nunca pagam por um fator mais do que ele "vale", ou seja, mais do que a sua produtividade de marginal. Cada fator proporciona ao empresário um valor correspondente ao aumento do produto, devido à participação de uma unidade adicional do referido fator na produção. Assim, o valor que o fator "trabalho", por exemplo, proporciona ao empregador corresponde ao aumento do produto que pode ser atribuído à atividade de um trabalhador a mais, além dos que já estão empregados. A ideia básica dos marginalistas é que o salário, neste caso, *deve* ser igual a este valor, pois, se o empregador pagasse mais do que recebe do trabalhador marginal, perderia dinheiro, e, se pudesse pagar menos, seria do seu interesse empregar maior número de assalariados. O mesmo raciocínio se aplica à produtividade marginal do capital e da terra, que *deve* ser igual aos juros e à renda da terra respectivamente. Logo, capitalistas, donos de terras e trabalhadores recebem rendas que correspondem à contribuição de cada um para o produto. Como juros, renda da terra e salários devem ser determinados, segundo os marginalistas, em mercados de livre concorrência, estes dão lugar a uma repartição da renda essencialmente justa, isto é, cada um recebe em proporção ao que dá.

Neste caso, por que haveria ricos e pobres? Basicamente porque os indivíduos são diferentes, alguns são mais trabalhadores e econômicos e acumulam fatores, e outros são mais preguiçosos e perdulários e gastam tudo o que ganham. Neste caso, os indivíduos seriam os principais responsáveis pelo seu sucesso ou insucesso econômico. As circunstâncias sociais que diferenciam os indivíduos desde o nascimento são solenemente ignoradas. Supõe-se que numa economia de mercado haja igualdade de oportunidades para todos. O fato de alguns nascerem em "berço de ouro", enquanto outros nascem, vivem e morrem na miséria é considerado uma mera "imperfeição" da realidade, que nunca corresponde inteiramente ao modelo teórico.

Durante muito tempo se supôs que a alta renda tinha por origem a acumulação de propriedades, ou seja, capital ou terras. Mas recentemente se verificou que uma boa parte das altas rendas tinha a forma de ordenados e era, formalmente, remuneração de trabalho. Para explicar este fato, os neoclássicos criaram a teoria do "capital humano" . Segundo esta teoria, as grandes diferenças de salário só podem explicar-se por diferenças igualmente grandes de produtividade, as quais seriam o resultado dos desníveis de capital humano acumulado. Capital humano é, na prática, escolaridade. Quem fica mais tempo na escola e obtém um grau mais avançado tem gastos com o ensino, material escolar, além de abrir mão dos salários que ganharia se, em vez de estudar, tivesse trabalhado. Este sacrifício é considerado um investimento em capital humano, análogo ao investimento que alguém faz ao comprar ações de uma empresa ou um imóvel. Quando o indivíduo, munido de um diploma, entra no mercado de trabalho, ele "vale" mais do que um indivíduo não diplomado. Este valor adicional ou diferença salarial é considerado o retorno do seu investimento em capital humano.

Sem dúvida, há estreita correlação entre escolaridade e nível de ganho – quem tem mais escola ganha mais. Mas isso não prova que a teoria do capital humano esteja certa. No Brasil, esta correlação já existia em 1960 e se manteve em 1970, mas as diferenças de salário entre indivíduos de pouca e de muita instrução aumentaram fortemente. Nada na teoria do capital humano explica esta forte valorização da escolaridade. Langoni, que investigou o assunto no espírito desta teoria, aventou a hipótese de que, devido à introdução de tecnologia moderna, a demanda por mão de obra de nível superior cresceu mais do que a oferta, enquanto a demanda por analfabetos e pessoas apenas com o curso primário deve ter crescido muito menos, neste período. É, na verdade, uma hipótese heroica para salvar a teoria, pois, entre 1960 e 1970, cresceu acentuadamente o número e a proporção de diplomados no Brasil, enquanto a proporção de pouco instruídos diminuía. Não há nenhuma indicação de que a procura por gente com curso superior tenha aumentado ainda mais do que a sua oferta.

O que, sem dúvida, aumentou no Brasil (assim como em outros países capitalistas) foi o "credencialismo", ou seja, a exigência de certificados escolares para a ocupação de posições elevadas na hierarquia empresarial ou do serviço público. Há vinte ou trinta anos, quando o número de diplomados era muito menor, os mesmos cargos para os quais se exige hoje curso universitário eram preenchidos por pessoas que sequer tinham o colegial. E não se suponha que, naquela época, as exigências de conhecimentos técnicos ou teóricos eram menores do que hoje. Na realidade, os conhecimentos requeridos não mudaram muito e antes, como agora, *não* eram obtidos nos bancos escolares. A habilidade necessária para o trabalho de direção é quase toda adquirida na própria atividade. O que a escola proporciona é alguma cultura geral, familiaridade com a terminologia técnica e administrativa, além de conhecimentos básicos de língua e de cálculo. Quase todo o resto, que constitui uma quantidade considerável de conhecimentos específicos à empresa, só pode ser adquirido no próprio trabalho.

Em compensação, a escola superior fornece ao diplomado normas de comportamento adequadas a quem vai exercer funções de chefia – capacidade de receber e transmitir ordens, espírito de casta e lealdade à empresa. Por isso, o credencialismo foi adotado pelas empresas, sobretudo pelas maiores. O que se espera do diplomado são atitudes adequadas para o exercício de trabalho intelectual: de projetos, de programação, de supervisão e de comando. Mas, não há qualquer indicação de que a produtividade do trabalhador aumente com a sua escolaridade, mesmo porque os que concluem curso superior quase nunca fazem trabalho produtivo, ou seja, trabalho de execução, cuja produtividade, de alguma maneira, possa ser medida. Podemos mensurar a produtividade de um tecelão, de um torneiro ou de um pedreiro, mas não a de um administrador ou a de um projetista. De modo que os altos ordenados correspondem a posições de autoridade muito mais do que à produtividade, como erroneamente faz crer a teoria do capital humano.

Se partimos do pressuposto de que as diferenças de renda se originam das diferenças entre as pessoas, nada mais natural do que procurar as características individuais dos que ganham muito e dos que ganham pouco. Langoni, estudando a repartição da renda no Brasil de acordo com estas características, verificou que são pobres não só os que têm pouca ou nenhuma escolaridade, mas também os que nasceram com o sexo "errado" (as mulheres ganham bem menos que os homens) e os que nasceram no lugar "errado" (na zona rural e não urbana, no Nordeste e não no Centro-Sul). Tomados em conjunto, escolaridade, sexo e lugar de nascimento "explicam" grande parte dos diferenciais de renda no Brasil. Obviamente, os pobres são vítimas do azar ou do seu desleixo em acumular capital humano. Em última análise, se a pobreza é uma situação pela qual muitos optam livremente, porque a riqueza não vale para eles o esforço ou os sacrifícios necessários para obtê-la, então a pobreza não deve ser tão terrível assim. O que, para os neoclássicos, deve ser um pensamento muito consolador.

5. Por que há pobres e ricos?

A posição marxista

Os marxistas atribuem a desigualdade na repartição da renda, no capitalismo, à existência de classes sociais. A classe social a que o indivíduo pertence é a que determina, em última análise, o montante de renda que ele pode ganhar. Portanto, para se entender como se constitui a repartição da renda é preciso analisar a estrutura de classes do país e as transformações pelas quais ela passa no processo de industrialização.

O capitalismo é, por definição, o modo de produção em que os meios de produção – as fábricas, as fazendas, as lojas, os cinemas etc. – são propriedade particular de uma minoria da população, o que força a maioria a vender a esses proprietários sua capacidade de trabalhar. Desta maneira, divide-se a sociedade capitalista em duas classes fundamentais: os capitalistas, ou a burguesia, e o proletariado. O proletariado se define negativamente, como sendo composto por todos aqueles que *não* têm meios próprios de sobrevivência. Os que pertencem a esta classe só têm acesso a uma parcela do produto social, que lhes permite sobreviver e reproduzir sua capacidade de trabalho – não só individual mas também social, ou seja, sustentar uma família e criar filhos que um dia os substituirão nas fileiras do exército industrial –, quando alguém lhes compra a força de trabalho, isto é, lhes dá um emprego. Como a burguesia tem o monopólio dos meios de produção, o proletariado *depende* dela para poder trabalhar e viver.

Atualmente o capitalismo se encontra em seu estágio *monopolístico*, que se caracteriza pela presença hegemônica das grandes empresas, em grande parte estatais ou multinacionais. A propriedade jurídica destas empresas é de acionistas, que normalmente não intervêm em seu funcionamento, embora os grandes acionistas exerçam certa fiscalização sobre elas, para garantir que sejam lucrativas, assegurando boa rentabilidade aos capitais nelas investidos. De uma forma geral, os acionistas se comportam como prestamistas em relação à empresa: esperam receber uma parte dos lucros sob a forma de dividendos, que, no fundo, não passam de juros. Quem dirige a empresa monopólica é uma camada de administradores, que, juridicamente, são assalariados e portanto aparentam fazer parte do proletariado. Mas, na realidade, quem de fato exerce o poder na empresa, quem constrange os trabalhadores a produzir um excedente são estes administradores que, por isso, constituem a burguesia moderna.

Não se pode mais dizer que é a propriedade jurídica dos meios de produção que identifica hoje a burguesia. Embora esta identificação ainda valha para os pequenos e médios empresários, que dirigem pessoalmente as firmas de que são proprietários, ela não se aplica à parte mais importante e dinâmica de nossa economia. Os dirigentes de empresas como a Petrobrás ou a Volkswagen são apenas formalmente "representantes" dos seus proprietários jurídicos, que em *teoria* podem demiti-los e substituí-los por outros. Na prática, estes dirigentes são os únicos que tomam todas as decisões importantes nas empresas: empregar ou demitir trabalhadores, aumentar ou diminuir a produção, abrir ou fechar fábricas, distribuir ou reter lucros etc. Portanto, estas pessoas desempenham as funções da burguesia, isto é, elas são os verdadeiros funcionários do capital monopolista.

Podemos chamar esta fração moderna da classe dominante de "burguesia gerencial", em contraposição à fração mais antiga, que ainda sobrevive nas firmas de menor porte e que designamos como "burguesia empresarial". A burguesia gerencial se compõe de funcionários antes do que de empresários à moda antiga, isto é, de pessoas inseridas numa estrutura hierárquica, a qual se galga numa carreira, que pode ser realizada em grandes empresas privadas ou estatais ou mesmo no aparelho de Estado. Pertencem à burguesia gerencial não só dirigentes de empresas mas também dirigentes de autarquias, de repartições de secretarias ou de ministérios, não sendo incomum que as pessoas, ao longo de suas carreiras, passem das empresas ao aparelho de Estado e vice-versa.

É interessante observar que o acesso à classe dominante se dá de modo diferente conforme a fração que a pessoa vai integrar. O acesso à burguesia empresarial se dá, via de regra, por herança de fortuna familiar, embora haja casos de pequenos empreendedores, oriundos do proletariado ou da pequena burguesia, e que conseguiram prosperar. O acesso à burguesia gerencial se faz por cooptação, sendo, hoje, condição quase indispensável para o início da carreira, diploma universitário ou mesmo estudos pós-graduados. Uma vez na carreira, o indivíduo vai sendo promovido ou não, por decisão dos superiores, de acordo com o modelo das Forças Armadas. Quanto mais elevados os cargos, menor é o seu número, formando o conhecido modelo piramidal da hierarquia. Grande é o número dos que iniciam a carreira, mas poucos são os que conseguem atingir o seu topo. Mesmo na constituição deste, os acionistas não costumam intervir. Os altos dirigentes que se aposentam soem indicar seus sucessores.

Ao lado da burguesia e do proletariado, há ainda uma outra classe social: a pequena burguesia, composta por produtores diretos que utilizam seus próprios meios de produção. Embora esta classe sempre esteja presente na sociedade capitalista, ela não integra o modo de produção capitalista mas forma um outro modo de produção: a produção simples de mercadorias. A pequena burguesia constitui uma classe numerosa que, em estágios baixos de desenvolvimento capitalista, pode até ser maior que o proletariado. No Brasil, a maior parte da pequena burguesia é constituída por camponeses – mais da metade dos que trabalham a terra possuem explorações familiares, sendo donos do solo ou ao menos dos implementos e animais de trabalho que utilizam. Nas cidades, a pequena burguesia se compõe principalmente de artesãos, particularmente numerosos nos ramos de reparação, e de pequenos comerciantes.

A diferença básica entre o pequeno burguês e o proletário não é o nível de renda – em geral o camponês ganha menos que um trabalhador da indústria – mas a independência em relação ao capital. O proletário pode ganhar mais, porém só enquanto tem emprego. Se o perde, deixa de ganhar. O pequeno burguês, enquanto puder reter a posse dos seus meios de produção, sempre tem assegurada uma pequena renda, suficiente para o seu sustento. Quando esta renda cai abaixo do mínimo vital, o pequeno burguês se proletariza, isto é, passa a depender do trabalho assalariado para sobreviver.

Com o desenvolvimento do capitalismo, a proletarização da pequena burguesia progride até que a grande maioria da população esteja integrada no proletariado. Convém notar que este também não é homogêneo. Podemos distinguir no proletariado duas frações: o *exército industrial ativo* ou *proletariado propriamente dito,* que se compõe de trabalhadores assalariados com emprego razoavelmente permanente, com carteira de trabalho assinada, usufruindo os direitos que a legislação do trabalho lhes concede; e o *exército industrial de reserva* ou *subproletariado,* composto por pessoas com empregos precários, ocasionais, sem registro nem gozo dos seus direitos legais. Constituem o subproletariado, entre outros, os "boias-frias", na agricultura, os "peões", na construção civil, as empregadas domésticas. São, em geral, trabalhadores de pouca qualificação e que aceitam qualquer trabalho para poder comer. Muitas vezes são as mesmas pessoas que, em determinado momento, trabalham como boias-frias, depois se empregam numa obra, mais tarde arranjam um serviço como faxineiro num prédio ou como cobrador de ônibus. Grande parte do subproletariado se compõe de mulheres, que substituem homens em trabalhos particularmente mal pagos, como varredores de ruas, ascensoristas em edifícios, limpadoras de escritórios etc.

A estrutura de classes no capitalismo moderno tem portanto seu eixo principal não na propriedade jurídica, mas na posse real dos meios de produção. Esta posse real se manifesta como domínio, como poder de decisão sobre empresas ou setores de empresas ou sobre setores do aparelho de Estado. Embora formalmente a dominação seja de organizações, ela se exerce realmente sobre os que trabalham nelas. Pertence à burguesia quem manda e decide e pertence ao proletariado quem obedece e executa. Quem é autônomo no trabalho mas depende da burguesia gerencial no plano financeiro comercial ou mesmo técnico – como é frequente acontecer com pequenos produtores que necessitam de crédito bancário e vendem sua produção a grandes intermediários comerciais ou grandes indústrias – pertence à pequena burguesia, cuja independência é, portanto, bastante relativa.

A teoria marxista sustenta que a distribuição das rendas individuais é condicionada pela repartição da renda entre as classes sociais. De um modo geral, esta repartição favorece a classe dominante que, desta maneira, é sempre economicamente privilegiada. Nas grandes empresas, assim como no Estado, a estrutura de salários é determinada pelos que têm poder de decisão, que não deixam de usá-lo em seu próprio proveito. Os altos dirigentes estabelecem seus próprios ordenados e os de seus auxiliares e os fixam compreensivelmente em níveis muito elevados. É isto que explica basicamente a concentração da renda. O único limite desta é a capacidade de organização e de luta do proletariado. Na medida em que este consegue elevar o salário real, ou seja, ampliar sua participação no produto social, a renda real da burguesia (gerencial e empresarial) tem de baixar, ao menos em termos relativos. Quando o proletariado tem seu poder de barganha coletiva tolhido por severa repressão, a concentração da renda atinge níveis quase inconcebíveis. Esta foi a experiência brasileira, particularmente entre 1964 e 1978.

É preciso notar que á inserção dos indivíduos nas diferentes classes sociais se faz fundamentalmente pelo nascimento. A grande maioria nasce em famílias proletárias ou pequeno-burguesas e está destinada a ficar em uma ou outra destas classes. A transferência de indivíduos de uma classe para outra ocorre em geral sob a forma de proletarização de pequenos burgueses, embora se registrem também movimentos no sentido inverso. Excepcional é a passagem de alguém do proletariado ou da pequena burguesia à classe dominante, embora tais casos sejam amplamente divulgados com o fito de alimentar o mito da ascensão social como oportunidade aberta a todos.

Nos primórdios do capitalismo, este mito assumia a forma do indivíduo trabalhador e frugal, que amealhava um pequeno pecúlio, ponto de partida para a acumulação de grande fortuna. Hoje em dia, este mito aponta a escola como via de ascensão individual. Infelizmente, o sistema educacional é altamente seletivo em termos econômicos. Os pobres não podem ficar muito tempo na escola, mesmo quando esta é gratuita, porque precisam trabalhar para sustentar a si próprios e suas famílias. O vestibular para a universidade é extremamente competitivo e só quem teve tempo e dinheiro para se preparar, consegue um lugar nela. O grupo assim selecionado já é privilegiado desde sua origem familiar e o credencialismo, que domina a entrada na carreira gerencial, reitera o privilégio de geração em geração.

6. A repartição da renda entre as classes

No modo de produção capitalista, a repartição da renda entre burguesia e proletariado se dá mediante determinação recíproca de lucros e salários. Como os capitalistas são os donos dos meios de produção, isto é, das empresas, pertence a eles também toda a produção e portanto todo o valor criado pelo trabalho. Deste valor, que corresponde ao produto social, uma parte tem de ser paga ao trabalhadores, sob a forma de salários. O que resta constitui o lucro bruto, parte do qual os capitalistas redistribuirão como juros, aluguéis, renda da terra e tributos respectivamente a prestamistas, a proprietários de imóveis ou terras e ao Estado. O eixo que estrutura a repartição da renda, no capitalismo, é a partilha do produto social entre capital e trabalho, ou seja, a repartição do valor criado entre salários e lucro bruto. A partilha deste último entre diversos setores da burguesia e o Estado é um segundo processo, socialmente menos relevante que o primeiro.

Vamos, portanto, concentrar nossa atenção na distribuição do produto ou renda entre o capital e o trabalho. O que determina esta distribuição é, antes de mais nada, o montante de salários, o qual, deduzido do produto, deixa como resíduo, nas mãos dos capitalistas ativos ou empresários, o lucro bruto. Precisamos, portanto, entender as leis que presidem a determinação do salário global como parcela do produto social.

Já vimos que os marginalistas defendem a tese de que os salários correspondem à produtividade marginal do trabalho e que a parcela dos salários no produto é igual à "contribuição" dos trabalhadores para o valor gerado na produção. Esta tese pressupõe uma certa racionalidade por parte dos dirigentes das empresas, que para maximizar o seu lucro compram força de trabalho em tal quantidade que o salário médio pago aos trabalhadores seja igual à sua produtividade marginal. Em outras palavras, dado um certo salário (por hora ou por mês), os empresários empregam trabalhadores em tal número que o seu lucro seja o maior possível, sendo o limite deste número dado pela situação em que um trabalhador adicional não produzirá mais do que o valor do seu próprio salário.

Esta tese carece inteiramente de base na realidade. Para começar, os trabalhadores, em empresas de certo porte, compõem equipes de produção, dentro das quais reina uma rígida divisão de trabalho. A produtividade de cada trabalhador depende do ritmo de trabalho da equipe inteira e não tem sentido medi-la em base individual. Imaginemos uma cadeia de montagem de automóveis, na qual x milhares de trabalhadores montam y milhares de veículos por mês. Se um pequeno número desses trabalhadores cruzasse os braços, a cadeia toda pararia. Que sentido tem considerar a produtividade de cada um desses operários isoladamente?

Em segundo lugar, os níveis de salários variam amplamente dentro das equipes de produção. Engenheiros, mestres, trabalhadores qualificados e simplesmente adestrados ganham quantias muito diferentes pela mesma quantidade de força de trabalho (medida em termos de tempo) vendida à empresa. Se a produtividade de cada categoria de trabalhador não pode ser medida separadamente, as diferenças de salário tampouco podem ser devidas a diferenças de produtividade.

Vejamos, então, na prática, como as empresas estabelecem suas escalas de salários e ordenados. Existem entidades patronais, sobretudo associações de chefes de pessoal, nas quais as várias empresas, pertencentes aos mesmos ramos de produção, trocam informações sobre quanto pagam a diferentes categorias de empregados e, no final, tendem a acertar uma graduação relativamente uniforme de pagamentos.

Esta graduação ganha certo verniz científico por se basear numa "avaliação de cargos", mediante a qual o esforço e a responsabilidade de cada tipo de serviço são avaliados. Mas, no fundo, a escala de salários não tem nada de objetiva, refletindo as relações de força entre as classes em presença dentro das empresas, fundamentalmente burguesia gerencial e proletariado. Quando os sindicatos operários são impedidos de participar da barganha salarial, como ocorreu no Brasil entre 1964 e 1978, a burguesia gerencial tende a abrir o leque de salários, mantendo a remuneração dos trabalhadores "manuais" (que realizam diretamente a produção) em nível muito baixo e elevando generosamente o pagamento do pessoal administrativo e técnico. Edmar Bacha e Eduardo Suplicy, à base da documentação das firmas consultoras que fazem avaliação de cargos para as grandes empresas industriais brasileiras, mostraram que os diretores destas se pagam ordenados mais de 100 vezes superiores aos salários mais baixos, pagos a trabalhadores não qualificados.

A coisa muda de figura quando os sindicatos de trabalhadores têm força para obrigar as empresas a negociar a escala de salários. Como a grande maioria dos trabalhadores se encontra nos patamares mais baixos desta escala, os sindicatos tendem a lutar pela elevação do piso salarial, e como o valor a ser repartido entre burguesia e proletariado é finito, o aumento dos salários menores implica uma redução dos ordenados mais altos. É o que aconteceu nos países industrializados da Europa e da América do Norte, principalmente por ocasião da Primeira e da Segunda Guerra Mundial (em 1914-1918 e 1939-1945). A escassez de mão de obra e os sacrifícios exigidos pelas guerras ocasionaram fortes mobilizações operárias, sobretudo nos primeiros anos desses conflitos, das quais resultaram nítida elevação dos salários dos trabalhadores manuais e queda relativa das remunerações do pessoal de direção. Hoje, nesses países, os trabalhadores menos qualificados e mais mal pagos não ganham menos do que mil dólares, ou seja, cerca de dez vezes nosso salário mínimo. Como a burguesia gerencial ganha lá igual ou menos que a nossa (que é uma das mais bem pagas do mundo), o leque salarial é muito mais fechado, sendo a relação entre o maior e o menor salário de 1 para 10, no máximo.

De 1978 em diante, assistimos no Brasil ao renascimento das lutas sindicais, com greves de massas que, embora ainda reprimidas, alcançaram vitórias parciais, que garantiram aumentos maiores para os que ganham menos. Em 1979, não por acaso, a legislação salarial foi modificada no mesmo sentido. Já se começa a verificar agora (1980) o fechamento do leque salarial no Brasil, refletido também nas frequentes lamúrias a respeito do "empobrecimento da classe média", dentro da qual se oculta a burguesia gerencial.

7. Salário básico e custo de reprodução da força de trabalho

A repartição do produto social entre capital e trabalho depende, portanto, do salário básico, isto é, da remuneração da grande massa de trabalhadores manuais, na qual se incluem não só os operários da indústria mas também os dos serviços, desde os lixeiros, cobradores de ônibus e comerciários, até as escriturárias, professoras primárias, enfermeiras e médicos-residentes. Este salário básico depende do "mínimo vital", ou seja, do conjunto de bens e serviços necessários à reprodução da capacidade de trabalho daqueles trabalhadores.

À primeira vista, o mínimo vital se limitaria à satisfação das necessidades físicas – de alimento, vestuário, alojamento e transporte – do trabalhador e sua família. Mas, esta é uma visão bovina das necessidades de consumo dos trabalhadores, que são encarados do mesmo modo como o gado que criamos para explorar sua força de tração, seu leite e sua carne. Como os trabalhadores são pessoas, seres humanos *sociais*, o seu consumo é uma atividade cultural, mediante a qual eles se relacionam e comunicam. Quando um trabalhador põe uma comida no prato e uma roupa no corpo, ele está marcando o evento e os que dele participam como seus iguais numa comunhão (por exemplo: o almoço com os colegas no refeitório da fábrica ou, no domingo, em casa, com seus familiares e amigos). Portanto, a comida e a roupa nunca são qualquer coisa que se coma e vista. Os trabalhadores, como os demais membros da sociedade, têm sua cultura, ou seja, atribuem significados aos bens e serviços, cujo uso exprime sua identidade social. É o que não compreendem os nutrólogos, que tentam "educar" os trabalhadores a se alimentar a baixo custo, comendo uma "ração" especialmente bolada para eles, que nada tem a ver com a sua cultura nem com suas necessidades, que não são só de calorias, proteínas e vitaminas, mas também de contato e integração social. Seria o caso de se perguntar às pessoas (todas de classe média) que preconizam a distribuição de alimentos especiais para os pobres, se estariam dispostas a nutrir a si mesmas e suas famílias com uma ração dessas.

A questão do mínimo vital e do salário básico não se restringe, no entanto, à alimentação. É moda, entre economistas e outros tecnocratas, distinguir entre necessidades básicas e de luxo e se indignar pelo fato de os trabalhadores gastarem parte dos seus parcos salários no segundo tipo de necessidade, sem satisfazerem completamente as do primeiro tipo.

Acontece que esta distinção é completamente arbitrária, pois não leva em consideração o aspecto cultural do mesmo, que existe em todas as sociedades humanas. Numa sociedade estratificada, como a capitalista, os diversos grupos sociais – de sexo, idade, nível socioeconômico – se diferenciam precisamente pelo consumo, sobretudo pelos rituais de consumo social, como os ritos de passagem (batizados, formaturas, casamentos, funerais) e as comemorações (aniversários, Natal, 1º de Maio). Os grupos de maior poder aquisitivo usam formas caras de consumo para excluírem do seu meio os menos aquinhoados. Os excluídos ficam privados não só do convívio social com gente de prestígio mas também da participação em grupos informais em que se trocam informações, recomendações e outros serviços vitais para o acesso a posições de poder e a altos ganhos. No fundo, as decisões de cooptação para escalões elevados das diversas hierarquias políticas e administrativas são tomadas a partir do relacionamento informal em grupos sociais de consumo.

Não espanta que a ascensão social, no capitalismo hodierno, se faça, em grande medida, através do consumo. Para galgar posições mais altas, é preciso furar barreiras que se apresentam sob a forma de consumo de luxo, isto é, consumo de bens e serviços cuja utilidade expressa é apenas um pretexto para a exibição do bom gosto, refinamento e sobretudo riqueza de quem o pratica. Frequentar clubes exclusivos, praticar esportes caros, colecionar pinturas, carros antigos ou moedas ou oferecer festas são exemplos desse tipo de consumo.

A classe operária não está excluída desse consumismo, alimentado pelo contínuo lançamento de "novos produtos" pelas grandes empresas industriais e de serviços. É do interesse dessas empresas que, durante o estágio inicial do ciclo de vida desses produtos, eles marquem o exclusivismo no consumo dos grupos mais ricos. Mas, quando a técnica de produção em massa já está aperfeiçoada, convém às empresas que os ex-novos produtos passem ao consumo dos trabalhadores e a publicidade é perfeitamente capaz de realizar esse truque. O refrigerador ou a televisão, que antes marcavam fronteiras entre a minoria seleta e a massa, passam a se tornar objetos de uso geral, partes integrantes da cesta de consumo da classe operária.

Os trabalhadores são completamente indefesos perante a ofensiva publicitária. Como integrantes da cultura capitalista, não podem deixar de ver nas formas diferenciadas de consumo vias de acesso à integração social e ao que vulgarmente se chama de "civilização". As ideologias ascéticas, que imaginam negar o capitalismo mediante a renúncia ao "consumismo", são totalmente estranhas ao proletariado. Os seus cultores provêm, em geral, da burguesia e marcam sua identidade por meio de formas alternativas de consumo – de artesanato, de produtos "naturais", de determinados gêneros de música e de roupa etc., que pressupõem um tipo de cultura que, no fundo, não deixa de ser burguês, nem que seja por antinomia.

Desta maneira, a cesta de consumo do trabalhador – e portanto o mínimo vital – não deixa de se ampliar e de se transformar. Como disse uma vez o famoso social-democrata alemão Karl Kautsky, não há uma muralha chinesa separando a sala de jantar da burguesia da sala de jantar do proletariado. O que até ontem foi uma marca de distinção da classe alta, hoje se torna uma necessidade da massa do povo. É o que aconteceu com a geladeira e o televisor e tende a acontecer com o automóvel. Considerar os bens duráveis de consumo artigos de luxo, como é comum fazer, não passa de um equívoco. O que não quer dizer que os burgueses e os proletários tendam a se irmanar no consumo. Simplesmente, as marcas de distinção hoje são outras (carros-esporte, viagens intercontinentais, psicanálise) e no futuro serão provavelmente diferentes. As distinções sociais não estão desaparecendo, elas apenas mudam de forma.

O que está por detrás dessa incessante renovação do consumo é a grande empresa industrial e de serviços, quase sempre multinacional, que sistematicamente inventa e lança novos produtos e novas modas, com o objetivo de obter ganhos monopolísticos. O crescimento da produção, no capitalismo, se dá assim – não só se produz mais das mesmas coisas mas também se produzem coisas novas ou as coisas antigas redesenhadas, servindo a novos propósitos (por exemplo: louça de barro servindo à elite, em lugar da de porcelana).

Concretamente, o aumento da produção e da produtividade se manifesta assim, numa profusão de bens e serviços e numa correlata expansão do custo de reprodução da força de trabalho. Em consequência, os trabalhadores necessitam de quantidades crescentes de dinheiro e são obrigados a lutar o tempo todo por aumento de salários. Pode parecer paradoxal que operários americanos ou alemães, que pelos *nossos* padrões já usufruem salários altos, façam isso, mas o aumento de suas necessidades os obriga a tanto. É claro que nem sempre as elevações de salário, necessárias para cobrir o custo de reprodução da força de trabalho, são obtidas. Foi o que ocorreu no Brasil, principalmente entre 1964 e 1978. Verificou-se, então, uma verdadeira degeneração do padrão de vida das camadas mais desprivilegiadas do operariado. Enquanto crescia o seu consumo de bens duráveis, o seu nível nutricional decaía e a mortalidade infantil aumentava. A concentração da renda, que se verificou nesse período, teve seu efeito deletério sobre as condições de vida da classe operária ampliado pela diversificação da produção e consequentemente aumento do custo de reprodução da força de trabalho. Em outros termos, ao lado do empobrecimento absoluto das camadas cujo salário real diminuiu, houve o empobrecimento relativo das camadas cujo salário real não acompanhou o crescimento de suas necessidades vitais.

8. O Estado e a repartição da renda

A concentração da renda no Brasil, depois de 1964, só se explica pela ação repressiva do Estado, cuja política salarial e trabalhista visava impedir totalmente a barganha coletiva dos salários por parte dos órgãos representativos dos assalariados. O governo fixava as porcentagens de reajustamento salarial, muitas vezes abaixo do aumento do custo de vida, e qualquer tentativa de resistência dos trabalhadores era duramente reprimida. O máximo que era permitido aos assalariados, para melhorar sua situação, era mudar de emprego, desde que houvesse, é claro, algum empregador disposto a pagar melhor.

Como se vê, é impossível entender a repartição da renda sem se levar em consideração como atua o Estado. A pretensão dos economistas marginalistas de fazer uma teoria puramente econômica da repartição da renda, à base do jogo de oferta e procura nos mercados de fatores, não tem sentido, porque pressupõe que o salário seja fixado em barganhas isoladas de cada trabalhador com o seu empregador. Uma teoria da repartição que abstraía os sindicatos, as negociações coletivas, as greves e o papel das instâncias políticas nesses entrechoques nada tem que ver com a realidade do mundo de hoje.

Se a repartição se decide, em última análise, pela luta de classes, é preciso considerar o papel de "árbitro" dessa luta, exercido pelo Estado através da política e dos tribunais, do Ministério do Trabalho e do Parlamento. Pode parecer estranho falar em arbitragem do Estado, quando este é tido – e com razão – como instância política da classe dominante. Mas a contradição é apenas aparente. Sem dúvida, o Estado tem por função básica manter e preservar a ordem constituída e portanto preservar os direitos à dominação, no campo econômico, dos que legalmente têm a posse dos meios de produção. Neste sentido, o Estado está a serviço da burguesia, dando a esta as condições sociopolíticas indispensáveis para que possa extrair mais-valia do proletariado. Sem a presença constante ativa dos órgãos jurídicos e repressivos do Estado, a autoridade da burguesia gerencial e empresarial nas empresas não seria respeitada, e a ordem social capitalista rapidamente se decomporia. Mas isso não quer dizer que o Estado se coloque sempre e automaticamente ao lado da burguesia nos conflitos com a classe operária. Se assim fosse, haveria o sério perigo de os salários caírem muito abaixo do custo de reprodução da força de trabalho, impedindo a preservação da capacidade de trabalho e até mesmo a sobrevivência dos trabalhadores, com evidentes prejuízos para o próprio capital.

Desde o século passado, nos países industrializados, e pelo menos a partir de 1930, no Brasil, o Estado tem por função arbitrar a luta de classes, no sentido de conciliar as necessidades de acumulação do capital com os imperativos da reprodução da força de trabalho. Essa função é desempenhada pelo Estado de formas diferentes, conforme a conjuntura política, ou seja, conforme o equilíbrio das forças sociais em presença. Em determinadas conjunturas, são as necessidades de acumulação que recebem prioridade, em outras, são os imperativos da reprodução que são favorecidos. Foi para garantir a reprodução da força de trabalho que o Estado fixou o salário mínimo, regulamentou em 8 horas a jornada normal de trabalho, concedeu aos assalariados o direito a férias, seguro contra acidentes de trabalho, pagamento adicional por insalubridade etc., etc. E foi para assegurar os interesses do capital que o Estado passou a limitar a autonomia dos sindicatos e a colocar entraves ao exercício do direito de greve.

No Brasil, entre 1951 (posse de Getulio Vargas na presidência da República) e 1964 (deposição do presidente João Goulart), o movimento sindical alcançou importantes vitórias, principalmente no que tange à liberdade de escolher seus dirigentes em pleitos democráticos e de forjar pactos intersindicais em nível local e regional, tendendo à formação de uma central sindical. Além disso, a combatividade das bases abriu um amplo espaço ao exercício da greve, o que deve ter contribuído para um relativo fechamento do leque salarial, preservando ao menos a participação dos trabalhadores no produto social. Pode-se dizer que, nesse período, a arbitragem do Estado se mostrou mais favorável à classe operária, sobretudo em relação ao período pós-1964. Com a instauração do regime militar, os sindicatos foram expurgados dos seus dirigentes mais autênticos e submetidos ao estrito controle do Estado. A autonomia e a liberdade sindicais foram praticamente abolidas e o direito de greve ficou restrito à situação em que a empresa deixava de pagar os salários. A estabilidade no emprego foi eliminada, dando aos patrões possibilidades ilimitadas de demitir empregados que assumissem posições de liderança em movimentos reivindicatórios. Esse foi um golpe gravíssimo na capacidade de luta dos trabalhadores. Essas medidas e mais a política salarial, já mencionada, reduziram substancialmente a participação dos trabalhadores no produto social.

Em 1978, iniciou-se um novo período nas relações entre capital e trabalho no Brasil, com as grandes greves de braços cruzados na indústria automobilística de São Bernardo e que rapidamente se espraiaram pelas fábricas da Grande São Paulo. A ausência de repressão física imediata a esse movimento marcou o começo da reconquista dos direitos sindicais, que até agora (1980) está longe de se completar. Seja como for, a extrema unilateralidade da arbitragem do Estado parece ter sido superada, embora durante a longa greve de abril/maio de 1980, no ABC de São Paulo, ela ainda se tenha feito sentir. É de se supor que a eventual redemocratização do país inaugure uma conjuntura política menos desfavorável ao movimento operário.

Além de arbitrar a luta de classes, o Estado também age como redistribuidor direto de renda, à medida que forneça serviços de saúde, merenda escolar, bolsas de estudo, educação, água e esgoto etc., inteiramente ou quase de graça à população. Não há dúvida de que, desta maneira, o Estado cobre uma parte dos custos de reprodução da força de trabalho, o que pode representar um subsídio ao capital ou aos assalariados, à media que o nível de salários pagos pelas empresas sofre ou não oscilações compensatórias. Se a expansão dos serviços gratuitos de saúde, por exemplo, levar a uma redução correspondente do salário mínimo e dos salários mais baixos, que dependem do mínimo, então quem se beneficia é o capital e não os usuários daqueles serviços.

Essa ambiguidade, do Estado como redistribuidor de renda também se faz sentir na origem dos recursos que ele transfere à população. À medida que esses recursos provêm de impostos diretos, como o Imposto de Renda, que é pago sobretudo pela parte mais rica da população, há de fato desconcentração da renda. Mas a maior parte das receitas fiscais, no Brasil, se origina de impostos indiretos, como o Imposto de Produtos Industrializados (IPI) e o Imposto de Circulação de Mercadorias (ICM), que são pagos pelos consumidores em geral, de fato pesando mais sobre os pobres, pois para estes a mesma quantidade de cruzeiros faz mais falta do que para gente com renda maior. Conforme o Estado usa recursos dos impostos indiretos para financiar sua política social, ele não faz mais do que dar com a mão esquerda o que ele tirou com a direita. Tendo em vista que são os impostos indiretos os que ainda predominam na receita tributária, é inegável que o papel do Estado como redistribuidor da renda é mínimo no Brasil.

Finalmente, cabe lembrar que o Estado faz transferências não só à população trabalhadora mas também à burguesia e à pequena burguesia, sobretudo mediante isenções fiscais e crédito subsidiado. Essas transferências canalizam recursos tirados dos trabalhadores, através dos impostos indiretos, para pequenos, médios e grandes empresários. Ao operar essas transferências à produção simples de mercadorias e sobretudo ao capital, o Estado age como concentrador da renda. No caso brasileiro, é provável que os subsídios ao capital mais do que neutralizem as transferências à classe operária.

9. Conclusão

A realidade social em qualquer país capitalista mostra profunda desigualdade na repartição da renda: a maioria da população ganha pouco e vive pobremente, ao passo que uma minoria tem altas rendas e desfruta de todos os prazeres e luxos. A teoria marginalista atribui esta situação aos próprios indivíduos que teriam. "liberdade" para optar por uma situação ou outra. A teoria marxista explica a desigualdade como resultado do funcionamento das instituições econômicas, sociais e políticas. Para os marginalistas, o remédio para a desigualdade reside numa mudança dos indivíduos, de suas preferências e expectativas. Para os marxistas, a desigualdade só poderá ser abolida mediante uma mudança institucional profunda, que teria como ponto de partida a abolição da propriedade e posse privada dos meios de produção e como meta a eliminação da divisão da sociedade em classes.

10. Perguntas e respostas

P – *Eu queria que o senhor explicasse melhor a relação entre concentração da renda, lucro e desenvolvimento num país capitalista.*

Singer – Já vimos que o lucro bruto é o valor gerado na produção menos os salários dos trabalhadores e que desse lucro bruto ou excedente a empresa paga juros, aluguéis e impostos. O que sobra, dentro da empresa, é o lucro líquido, parte do qual é embolsado diretamente pela sua direção sob a forma de retiradas ou ordenados. Juridicamente, os ordenados do pessoal dirigente não são considerados lucros mas despesas, porém economicamente não há dúvida de que fazem parte do excedente. Aliás, é comum que as diretorias de grandes empresas tenham, além do ordenado mensal, uma gratificação ou bônus anual, que é proporcional aos lucros. Este bônus tem por função criar uma identidade de interesses entre os proprietários jurídicos do capital e a burguesia gerencial.

Do ponto de vista do desenvolvimento, uma parcela muito importante do excedente é o lucro líquido, ou seja, aquilo que resta depois de pagar os juros, aluguéis, impostos, ordenados e gratificações. Uma parte do lucro líquido é transferida aos acionistas, sob a forma de dividendos, e o resto é usado para expandir o capital da empresa. O tamanho do lucro líquido é um elemento vital para a acumulação. O lucro líquido não é a única fonte para a acumulação de capital, mas é a mais importante. Uma empresa pode também expandir seu capital emitindo mais ações ou tomando dinheiro emprestado. Mas, se ela não for lucrativa, isto é, se o seu lucro líquido não for bastante grande em relação ao capital investido nela, ninguém irá querer subscrever (isto é, comprar) as novas ações nem lhe emprestar dinheiro a longo prazo.

Vamos explicar isso melhor. Suponhamos que uma empresa tenha um capital de um bilhão de cruzeiros e seu lucro líquido foi, em 1980, de 80 milhões. A relação entre lucro e capital constitui a taxa de lucro, que neste caso seria: 80 milhões divididos por 1 bilhão é igual a 0,08 ou 8%. Se 8% foi considerada uma taxa de lucro aceitável – e isso depende de quais estão sendo as taxas de lucro das demais empresas – então ela não terá dificuldade de mobilizar recursos externos para expandir o seu capital, digamos, em 10 ou 15%. Mas, é claro que se o seu lucro fosse de 200 ou 300 milhões, sua taxa de lucro seria de 20 ou 30% e isso lhe possibilitaria uma expansão muito maior, digamos, de 40 ou 50%. Como se vê, a taxa de lucro é muito importante para a acumulação, para começar porque só empresas lucrativas têm *motivos* para se expandir e depois porque só elas têm *meios* para fazê-lo.

Agora, concentração da renda implica em geral lucros mais elevados e consequentemente maior acumulação de capital e portanto mais crescimento e mais desenvolvimento. Os que defendem a concentração da renda argumentam que a acumulação não deixa de favorecer os pobres, pois gera empregos, embora ela exija salários mais baixos. A concentração da renda tira recursos do proletariado propriamente dito, dos que têm empregos permanentes, a favor do capital, mas a expansão deste favorece o subproletariado, pois permite que uma parte dele deixe o exército de reserva e se integre no exército industrial ativo.

P – *E o senhor concorda com isso?*

Singer – Não, e por uma razão evidente: porque uma boa parcela dos lucros é apropriada pela burguesia gerencial sob a forma de ordenados altíssimos, que são gastos, em grande parte, em consumo de luxo. Em outras palavras, nem todo lucro é acumulado e não há nenhum controle social, no capitalismo, que garanta que uma proporção, digamos, "razoável" do lucro sirva à acumulação. Não me parece justo reduzir ou manter baixos os salários dos trabalhadores em função de uma hipotética acumulação de capital geradora de empregos que ninguém garante que vai acontecer.

P – *Haveria possibilidade de um país subdesenvolvido desenvolver-se sem uma boa distribuição da renda?*

Singer – Quando você fala numa "boa" distribuição da renda creio que você se refere a uma repartição pouco concentrada, onde os salários são relativamente altos, considerando-se a produtividade do trabalho. Na verdade, pode haver desenvolvimento com boa ou má distribuição da renda. Quando ela é boa, o Estado se apossa de grande parte do excedente, impedindo que ele seja desperdiçado em consumo de luxo e o fornecendo às empresas para fins de acumulação. Isso pode ser feito, por exemplo, mediante a cobrança de um Imposto de Renda pesado sobre os lucros das firmas e sobre ganhos individuais elevados. No Brasil, este imposto foi sendo aumentado nos últimos anos mas ainda é muito menor do que nos países capitalistas mais adiantados.

Mas o desenvolvimento também é compatível com uma má e mesmo uma péssima distribuição da renda, como temos testemunhado no Brasil. Neste caso, os lucros são muito altos, permitindo uma elevada margem de desperdício e ainda assim uma farta acumulação de capital também. Só que o desenvolvimento com concentração da renda não beneficia a maioria da população, servindo apenas ao enriquecimento ainda maior dos que já são privilegiados.

P – *O senhor disse que o Estado, enquanto árbitro, ora favorece a burguesia, ora o proletariado. Mas, em se tratando de um Estado burguês, o máximo que ele pode fazer é reproduzir o proletariado.*

Singer – É claro que sim. Supor que o Estado possa favorecer o proletariado a ponto de socializar não só a propriedade mas também a posse dos meios de produção e, assim, eliminar a distinção entre burguesia e proletariado seria um absurdo. Mesmo se os homens que estivessem à sua testa quisessem fazê-lo, não o poderiam, pois uma transformação destas requer que uma série de lutas no próprio seio da sociedade civil seja vencida pelo proletariado, de modo que o poder de decisão sobre a economia e sobre as instituições passe realmente (e não apenas formalmente) da burguesia ao conjunto dos trabalhadores. Os resultados altamente decepcionantes das várias tentativas de se realizar a passagem ao socialismo através da ação do Estado mostram isso com clareza.

Não obstante, dentro dos limites do capitalismo, o Estado pode favorecer o proletariado, ao abrir um certo espaço de atuação para os sindicatos e partidos da classe operária, ou pode favorecer o capital, fechando este espaço. É a diferença entre um Estado burguês democrático e um Estado burguês ditatorial. E é claro que esta diferença é significativa para o proletariado, inclusive porque tem consequências no campo econômico. Um Estado pode comprimir os salários abaixo do custo de reprodução da força de trabalho, o que não priva o capital de mão de obra, desde que haja um subproletariado numeroso, a partir do qual o capital pode produzir força de trabalho. É o que ocorria no começo da Revolução Industrial, quando "no espaço de uma geração, a indústria têxtil inglesa consumiu três gerações de trabalhadores", conforme um depoimento citado por Marx em *O Capital*. E é possível que ainda esteja ocorrendo em muitos regimes ditatoriais em países não desenvolvidos. De modo que não há por que menosprezar o papel do Estado como árbitro da luta de classes, embora seja importante conhecer também suas limitações.

P – *O que define as classes sociais?*

Singer – O critério usado pelos marxistas são as relações de produção. Ao participar da produção, as pessoas entram numa rede de relações sociais e a posição que ocupam nesta rede define sua posição de classe. Se a pessoa participa da produção capitalista, ela tem de trabalhar numa empresa, seja como diretor, gerente, chefe de seção, mestre ou simples empregado, na linha de produção, no almoxarifado, no laboratório ou no escritório. Sua posição de classe está determinada pelo poder de mando que o cargo ocupado pelo indivíduo lhe confere.

Numa empresa pequena, este critério é de fácil aplicação: o dono ou os donos mandam, os demais cumprem as ordens. Em grandes empresas, modernas e burocratizadas, a sua aplicação é mais difícil. Está claro que a diretoria manda e que a grande massa de operários, escriturários, técnicos etc. se limita a obedecer. E no meio destes dois extremos? Aí encontramos uma extensa gama de posições intermediárias, de cargos em que as pessoas recebem e dão ordens e portanto participam simultaneamente da burguesia e do proletariado. É claro que esta indefinição de classe é apenas aparente, embora ela não possa ser resolvida por critérios abstratos. Ela se resolve, de fato, na prática da luta de classes. Quando explode uma luta que contrapõe as duas classes (uma greve, por exemplo), uma parte da hierarquia intermediária se enfileira ao lado dos trabalhadores e a outra se coloca ao lado dos patrões. Não por acaso, é a parte inferior da hierarquia que tende a assumir a primeira posição, e a parte superior, a segunda. Mas, como não poderia deixar de acontecer, fatores pessoais e ideológicos também entram nesta definição.

P – *E a classe média, como entra neste esquema?*

Singer – "Classe média" é um conceito derivado de outro referencial teórico, isto é, da sociologia funcionalista. Esta pensa em termos de uma estratificação social contínua, na qual as pessoas ocupam posições altas, médias e baixas. Max Weber, o grande sociólogo alemão, propôs como critérios de definição de classe a posição no mercado (análogo às relações de produção de Marx) e o estilo de vida. Segundo Weber, pessoas que têm a mesma posição no mercado e participam das mesmas práticas de consumo formam uma classe social. De acordo com critérios como esse, se consideram como sendo de classe média as pessoas com renda mais ou menos elevada, bastante escolaridade e que consomem os artigos de moda, ou seja, os últimos lançamentos da indústria de bens duráveis.

Não há critérios estritos para se saber quem é e quem não é da classe média. Se perguntarmos às pessoas a que classe pertencem, todas, exceto as mais ricas e as mais pobres, dirão que são da classe média. Só aqueles que sentem que não há ninguém acima deles e os que acham que não há ninguém abaixo deles admitirão pertencer respectivamente à classe alta e à classe baixa. Isso confere uma extensão tão ampla à classe média, que usualmente se a subdivide em média-alta, média-média e média-baixa.

Naturalmente não há correspondência entre as classes sociais definidas pelos marxistas e as definidas pelos funcionalistas. Podem ser de classe média: burgueses, pequeno-burgueses e proletários. Neste sentido, convém desfazer a confusão entre a classe média e a pequena burguesia, que muitas vezes são usadas como sinônimas. Esta última é um conceito marxista e de modo algum define uma classe intermediária entre burguesia e proletariado. Pequenos burgueses são produtores autônomos, a maior parte camponeses, e o estilo de vida da grande maioria deles os enquadraria na "classe baixa".

Resta finalmente chamar a atenção para o fato de que, do ponto de vista econômico, assim como político, o que se considera "classe média" é um conjunto social extremamente heterogêneo e, portanto, como categoria analítica, tem pouco significado.

CAPÍTULO 4
ECONOMIA INTERNACIONAL

1. Introdução

A economia internacional se preocupa com as relações econômicas entre nações. Ao contrário das outras partes da teoria econômica, em que as unidades são os indivíduos como produtores ou consumidores, as empresas, as classes sociais ou os modos de produção, na economia internacional a unidade de análise é a "economia nacional", vista como um todo. O seu objetivo é entender por que determinados países são mais ricos, mais industrializados e mais desenvolvidos, ao passo que outros permanecem mergulhados na pobreza e no atraso. Abstrai-se aqui o fato de que as sociedades nacionais não são homogêneas, que há bastante gente pobre nos países mais ricos assim como pessoas bem ricas nos países mais pobres. Deste ponto de vista, a diferença fundamental entre economias adiantadas e economias atrasadas está na pobreza dos seus pobres. Não faz muita diferença ser rico nos Estados Unidos, no Brasil ou na Índia, mas é bem melhor ser um operário braçal num país industrializado do que em país não desenvolvido, como vimos no capítulo anterior.

Desta maneira, a economia internacional opera com o conceito de "interesse nacional", supondo que interesse a todos – ricos e pobres – que o seu país esteja entre os industrializados e desenvolvidos e não na periferia dependente e atrasada. Um dos temas clássicos da economia internacional é a análise das relações comerciais entre países, do ponto de vista das vantagens e desvantagens proporcionadas por diferentes políticas econômicas que afetam aquelas relações.

2. As origens da economia mundial

Para entender melhor as teorias da economia internacional, convém examinar o pano de fundo histórico sobre o qual elas foram formuladas. Começaremos, portanto, pelo estudo das etapas de formação do que se chama de economia mundial, ou seja, de um sistema de relações econômicas que hoje interliga praticamente todas as economias nacionais.

As relações de comércio sempre foram e continuam sendo a principal modalidade de relacionamento econômico entre países. O comércio internacional existe desde pelo menos a Antiguidade. O Império Romano constituiu, de certo modo, uma comunidade comercial de países que tinha por centro o Mediterrâneo. Com as invasões dos bárbaros e, mais tarde, dos árabes, essa comunidade se desfez, mas mesmo durante a Idade Média havia um comércio internacional muito vivo entre a Europa e a Ásia. O principal eixo desse comércio se fazia por mar e terra: caravanas de mercadores partiam da Alemanha ou Itália para o Oriente Médio, onde trocavam seus produtos com mercadores árabes por outros do Extremo Oriente (China, Índia). Eram os árabes que faziam a ligação entre a Europa e as grandes civilizações do Sul e do Leste da Ásia. Essas eram mais adiantadas que as da Europa e forneciam a esta bens de luxo como especiarias e manufaturas (pimenta, seda, joias etc.). A Europa exportava principalmente produtos agrícolas e metais preciosos.

Em meados do século XV, os turcos tomam Constantinopla, o que marca o início da Idade Moderna. A invasão turca interrompe os fluxos comerciais entre Europa e Ásia, o que causa forte elevação dos preços das mercadorias asiáticas na Europa, cuja aristocracia tinha se habituado a consumi-las. Abre-se, assim, uma espécie de concorrência internacional para encontrar uma via alternativa de comunicação com a Ásia. A competição foi disputada principalmente por portugueses e espanhóis, com a ajuda de italianos. Os portugueses circunavegaram a África e levaram o grande prêmio no último ano do século, quando Vasco da Gama chegou à Índia. Os espanhóis apostaram na teoria de que o mundo era redondo e que, portanto, navegando sempre para o ocidente teriam de acabar chegando ao oriente. Essa teoria, que marcava uma ruptura com os dogmas tradicionais, era defendida pelo genovês Cristóvão Colombo, que conseguiu o apoio material da coroa espanhola para testá-la na prática. Como sabemos, Colombo descobriu de fato um novo continente que pensou ser a Índia, pois imaginava que o mundo fosse bem menor do que é. A descoberta de que além da América se encontra todo um outro oceano, o maior deles, o Pacífico, e que só após atravessá-lo se chega ao Extremo Oriente, se deve ao navegador português Fernão de Magalhães, que realizou, no começo do século XVI, a primeira circunavegação do globo e no caminho ainda descobriu o quinto continente, a Oceania.

Desta maneira se completou, nos séculos XV e XVI, a interligação por mar dos cinco continentes. Foi obra dos europeus, que trataram de estabelecer bases comerciais na América, na África e na Ásia (a Oceania ficou para três séculos depois) para restabelecer o comércio internacional em moldes mais amplos e em função dos seus interesses. Só que não ficaram apenas no estabelecimento de bases comerciais. Defrontando-se com povos militarmente inferiorizados, embora em alguns casos economicamente mais adiantados, os europeus passaram da penetração à conquista, colonizando os outros continentes e estabelecendo neles enclaves de produção especializada para o mercado mundial.

Dois eram os principais circuitos comerciais do que se tornou conhecido como o "antigo sistema colonial". Um tinha por eixo a importação de produtos de luxo da Ásia pela Europa. Como a Índia e a China eram mais adiantadas que os países europeus, estes não tinham como pagar os produtos que importavam, a não ser com metal precioso. Por sorte, os conquistadores europeus encontraram ouro e prata em abundância na América. Através do saque e de tributos coloniais, espanhóis e portugueses se apropriaram das riquezas metálicas do Novo Mundo, inicialmente dos países andinos e do México, mais tarde, com a descoberta de minas de ouro, também do Brasil. Ouro e prata fluíam para a Europa de onde eram, em parte, reembarcados para o Extremo Oriente, cujas manufaturas prosperavam. Os colonizadores também desenvolveram a produção de artigos coloniais na América, dos quais os mais importantes foram o açúcar e o fumo, cultivados no Brasil e nas Antilhas. A Europa era o centro deste comércio triangular e onde se acumulava o excedente comercial e tributário.

O outro circuito interligava América e África através da Europa. Na África havia então numerosos reinos, alguns bastante poderosos, nos quais era habitual vender os prisioneiros de guerra como escravos. Os europeus resolveram então adquirir esta mercadoria humana para exportá-la à América, onde seria posta a trabalhar nas minas e plantações. Os navios negreiros retornavam da América com vários produtos, sobretudo o fumo da Bahia e de Virgínia (Estados Unidos), com o qual se pagavam os escravos. Também este circuito era dominado pelas potências coloniais europeias, que ficavam com os lucros e os impostos que gravavam as transações.

3. Os efeitos da Revolução Industrial sobre a economia mundial

Este primeiro estágio da economia mundial durou do século XVI ao XVIII. O seu fim resultou da Revolução Industrial, que começou na Inglaterra, na segunda metade do século XVIII, com a descoberta e a aplicação na manufatura de máquinas movidas a vapor. Nasce assim a indústria moderna, que se expande a partir da Grã-Bretanha pela Europa e, mais tarde, América do Norte.

Essa indústria se orienta desde cedo para o mercado mundial. A Europa deixa de ser entreposto comercial para se tornar exportadora de manufaturas. Em meados do século XIX, o predomínio da Grã-Bretanha era tão forte neste tipo de comércio que ela passou a ser considerada a "oficina do mundo". Nesta época, o principal produto industrial no comércio internacional era o tecido, sobretudo de algodão. Este tinha sido antes fornecido ao mundo pela Índia. Os ingleses conquistaram a Índia (em disputa com os franceses) e forçaram a ruína da manufatura têxtil hindu, reduzindo este país ao papel de mero fornecedor de algodão. Também no Brasil se deu processo análogo: D. Maria I, rainha de Portugal, proibiu em 1785 que aqui se fabricassem tecidos, de modo que fôssemos obrigados a adquirir panos ingleses, cujo comércio aqui era monopolizado pelos reinóis.

O que caracteriza esse estágio da economia mundial é a concentração das atividades industriais nos países metropolitanos do hemisfério norte e a consequente desindustrialização das colônias, que foram forçadas a se tornar fornecedoras de matérias-primas. Esse processo foi particularmente doloroso nos países colonizados que já tinham uma manufatura bastante desenvolvida, como a Índia e a China. A ruína dessas atividades lançou milhões de artesãos na miséria, levando a economia desses países a um empobrecimento generalizado. Como disse um historiador hindu, referindo-se às consequências desse processo: "os ossos dos tecelões da Índia embranqueceram as planícies do país".

O Brasil não tinha uma manufatura tão desenvolvida e por isso o édito de D. Maria I não teve consequências tão trágicas. Em 1808, a corte portuguesa se transferiu ao Rio de Janeiro e o Brasil se tornou, por algum tempo, o centro do império luso. O regente D. João VI, antes mesmo de aportar no Rio, abriu os portos brasileiros às embarcações e produtos das nações amigas, o que, nas circunstâncias, significava a Grã-Bretanha. Desta maneira, D. João VI abriu o mercado brasileiro aos produtos industriais ingleses, o que iria frustrar suas tentativas posteriores de desenvolver atividades industriais no Brasil. Dispondo de uma indústria relativamente desenvolvida, a Grã-Bretanha tinha condições de fornecer produtos de melhor qualidade e mais baratos do que os da indústria local. O tratado comercial entre Portugal e Grã-Bretanha limitava a cobrança de tarifas aduaneiras sobre produtos importados a 15% do valor dos mesmos. Este dispositivo eliminou mais eficazmente nossa nascente manufatura de tecidos e de outros produtos do que o édito da rainha que os proibia. E este dispositivo foi mantido no tratado que, após a independência, o Brasil assinou com a Grã-Bretanha, retardando por décadas o início da nossa industrialização. O Brasil só elevou o nível de sua tarifa aduaneira em 1844, após uma série de conflitos com os ingleses ao redor do tráfico negreiro.

Mais do que o predomínio colonial, foi o *livre-câmbio*, a livre circulação de mercadorias pelas fronteiras nacionais que assegurava a superioridade, no mercado mundial de produtos industriais, dos países que se industrializaram mais cedo. Na primeira metade do século passado, o livre-câmbio foi adotado por numerosas nações, o que fez a hegemonia industrial britânica atingir seu apogeu. Na segunda metade daquele século, vários países – entre os quais a Alemanha e os Estados Unidos – começaram a adotar medidas protecionistas de suas indústrias e desta maneira puderam resistir à competição inglesa e passaram a se industrializar rapidamente. Desta maneira, formou-se o conjunto de países que constituem o centro industrializado da Divisão Internacional do Trabalho, todos situados no hemisfério norte: na Europa Ocidental, na América do Norte mais o Japão. A periferia deste centro foi constituída por todos os demais países, muitos deles então colônias ou ex-colônias, mas todos de economia colonial, isto é, centrados num setor produtor primário – de alimentos ou matérias-primas – voltado para o mercado externo. Definiu-se, assim, no século passado uma autêntica *Divisão Internacional do Trabalho-DIT*, a partir da especialização produtiva de cada país. O mundo se dividiu, de forma cada vez mais nítida, em países desenvolvidos, exportadores de produtos industriais, e países não desenvolvidos, exportadores de produtos primários.

Apesar da aparente igualdade entre os dois tipos de países, a especialização dos exportadores de produtos primários era ditada pelo centro industrializado. Eram as necessidades da indústria que determinavam o plantio de certas matérias-primas (como o algodão, o cacau ou a seringueira) e a exploração de certos minérios (como o petróleo, o cobre, a bauxita). O exemplo da borracha a esse respeito é bastante elucidativo: ela surge como matéria-prima importante depois que a descoberta da vulcanização lhe conferiu características adequadas para sua utilização na fabricação de pneus. A borracha era produzida por meio da sangria de seringueiras espalhadas pela floresta amazônica. Com o rápido desenvolvimento da indústria automobilística, a demanda por borracha cresceu depressa sem que sua produção extrativa pudesse acompanhar esse ritmo. Isso fez com que os próprios países industrializados procurassem fontes alternativas de abastecimento. A Grã-Bretanha desenvolveu plantações de seringueiras em suas colônias do Extremo Oriente e assim dominou o mercado mundial entre a Primeira e a Segunda Guerra Mundial. Os Estados Unidos e a Alemanha desenvolveram a borracha sintética, produzida a partir do petróleo, e que passou a ser a mais usada após a Segunda Grande Guerra. O que essa evolução mostra é que a produção primária – seja ela extrativa vegetal (na Amazônia), agrícola (no Extremo Oriente) ou extrativa mineral (petróleo no Oriente Próximo) – foi suscitada e controlada pelos capitais dos países industrializados, funcionando a população, a terra e as jazidas dos países periféricos como meros recursos a serem explorados.

A DIT desenvolvida a partir da Revolução Industrial dividiu, portanto, os países em dois grupos: um no qual se concentraram as atividades industriais e o progresso técnico e que passou a acumular capital intensamente; e o outro, cada vez mais dependente da produção primária de um reduzido número de mercadorias, com grande parte de suas populações fechada em economia de subsistência, sem nada usufruir dos benefícios proporcionados pela industrialização.

4. A industrialização por substituição de importações

Apesar das atividades industriais se desenvolverem sobretudo no centro, elas também começam a tomar corpo ao redor dos grandes centros urbanos de alguns países de Economia Colonial, a partir do fim do século XIX. Indústrias leves, como a de tecidos e de alimentos, multiplicam-se na Rússia, na Índia, na China, no México e no Brasil. Mas esse processo só toma um impulso maior a partir de 1930, por efeito da crise mundial que perdura até o começo da Segunda Guerra Mundial.

Essa crise começou nos países industrializados e provocou uma forte queda nos níveis de comércio internacional. Para enfrentar o desemprego, todos os países trataram de fechar seus mercados aos produtos estrangeiros, procurando fabricar dentro de suas fronteiras o que antes importavam. A Alemanha nazista levou essa política ao extremo, chegando até a substituir o café pela chicória, o que se tornou o exemplo clássico de imitação barata de um produto "fino" (semelhante aos *whiskies* escoceses *Made in Brazil).* Para os países da periferia, isto significava a perda de mercado para suas matérias-primas, cujos preços caíam a nível baixíssimo, impossibilitando-os de pagar as importações de bens industriais.

Para a maioria dos países nessa situação, a crise mundial acarretou a ruína do único setor adiantado de suas economias, que era o de mercado externo. Mas, alguns deles, entre os quais o Brasil, puderam também praticar a substituição de importações, começando a se industrializar a sério. Para tanto, contribuiu a existência de uma certa burguesia industrial, a qual passou a desfrutar de um mercado interno "protegido" por efeito da própria crise. Com o crescimento e o enriquecimento desta burguesia industrial, sua influência política cresce, passando a obter cada vez mais apoio do Estado para acumular capital. Tanto no Brasil como em outros países (como o Chile, o México, a Argentina etc.), a indústria não só se expande mas também se diversifica com o surgimento da metalurgia, da mecânica e assim por diante.

A industrialização por substituição de importações foi intensificada pela crise de 1930, mas continuou mesmo depois que a crise foi superada. Quando o comércio internacional se restabeleceu, após a Segunda Grande Guerra, o Estado passou a proteger a indústria nacional contra a competição dos países industrializados, que não puderam recuperar os mercados que antes dominavam. Tinha-se a ideia, então, de que a industrialização brasileira (e a dos outros países nessa situação) significava uma ruptura com uma DIT que nos condenava a ser meros exportadores de café (e de outras matérias-primas).

Portanto, os capitais dos países industrializados ameaçados de perder seus mercados de ultramar tinham interesse em conter e se possível reverter este processo. Qual não foi a surpresa quando, a partir da década de 50, os principais países do centro passaram a aplicar capitais na indústria brasileira (e mexicana, argentina, chilena etc.). A lógica desse comportamento estava no fato de que a industrialização nestes países já se tinha tornado irreversível e que não havia a menor chance de estes países voltarem a abrir seus mercados para importar artigos que já fabricavam.

Os mercados destes países em desenvolvimento estavam fechados para certos produtos industriais dos países do centro, mas não aos seus capitais. Nada impedia que uma empresa estrangeira se estabelecesse no Brasil, por exemplo, para produzir e vender artigos que antes exportava do seu país de origem. A subsidiária estrangeira goza de toda proteção e dos eventuais subsídios que o Estado dá à indústria nacional, o que torna tais inversões bastante lucrativas. Assim, para poderem continuar a dominar os mercados do Terceiro Mundo, as principais empresas industriais do

Primeiro Mundo constituíram filiais nesses países, transformando-se assim em empresas *multinacionais*. Em muitos casos, sua superioridade financeira e tecnológica lhes permitiu dominar não só os novos ramos da indústria, que elas inauguravam, mas também ramos que os capitais nacionais já tinham desenvolvido antes. Era e é comum as multinacionais penetrarem nesses mercados, se associando com firmas nacionais ou simplesmente as comprando. Resulta daí que grande parte dos principais ramos da indústria brasileira – e o mesmo ocorre em outros países – é dominada pelas subsidiárias das multinacionais.

5. A nova DIT: o subdesenvolvimento industrializado

Finalmente, a partir de meados da década de 60, abre-se uma quarta etapa na evolução da economia mundial. Ela se caracteriza pela exportação de produtos industriais por parte de países recém-industrializados, como o Brasil e outros. Na etapa anterior, as multinacionais vieram a estes países tendo em vista dominar uma parte ou a totalidade de seus mercados internos. Mas, nessa última etapa, as mesmas multinacionais usam suas subsidiárias assim estabelecidas ou criam novas, tendo em vista abastecer o mercado mundial. Em consequência, países recém-industrializados passam a ocupar uma posição cada vez mais importante nos mercados internacionais de produtos industriais, não somente como adquirentes mas também como fornecedores.

As multinacionais descobriram que esses países já haviam adquirido, em parte por esforço próprio, em parte como resultado de inversões estrangeiras, considerável infraestrutura industrial: extensa rede de transporte, abundante suprimento de energia elétrica, formação de técnicos e de trabalhadores qualificados etc. A existência dessa infraestrutura e o baixo nível de salários que vigora nesses países tornam aí os custos de produção sensivelmente menores do que nos países há mais tempo industrializados. Assim, por exemplo, as empresas que vieram ao Brasil produzir automóveis para o mercado interno verificaram que era vantajoso também exportar a países que ainda não tinham indústria automobilística e mesmo a países do centro, nos quais salários mais altos comprimiam as margens de lucro.

Essa nova política das multinacionais implica uma mudança profunda da DIT: países que exportavam apenas produtos primários e que mal haviam concluído a substituição das importações industriais mais corriqueiras surgem agora como importantes exportadores de artigos industriais. É o que está acontecendo na última década e meia com países como Coreia do Sul, Taiwan, Brasil, México etc. No Brasil, as exportações industriais já respondem (desde 1979) por mais da metade de todas as receitas de exportação. Entre nossas exportações industriais há produtos agroindustriais (como açúcar e café solúvel), produtos da indústria leve (tecidos, roupas e calçados) e da indústria pesada. A indústria automobilística já ocupa (em 1980) o quarto lugar em nossa pauta de exportação, logo abaixo do café, da soja e do minério de ferro.

Essa nova etapa da evolução da economia mundial *não* significa que países como o Brasil ou Taiwan de fato estejam concorrendo em pé de igualdade com os Estados Unidos ou o Japão. É exatamente o contrário que ocorre. Por sermos países apenas semi-industrializados, com mão de obra barata, isto é, subpaga, é que as multinacionais estão relocando para cá processos produtivos inteiros tendo em vista maximizar seus lucros no comércio internacional. Essa relocação da produção mundial eleva o nível de desemprego e, em consequência, reduz o poder de barganha do movimento operário nos países do centro, acarretando uma baixa de salários em nível mundial. Com isso ganha o capital, sobretudo aquele que está investindo tanto nos países mais adiantados, de alto custo de mão de obra, como nos recém-industrializados, em que esse custo é menor. As multinacionais fabricam artigos tecnologicamente mais sofisticados (como aviões supersônicos ou computadores de grande porte) nos primeiros e artigos que requerem apenas tecnologia rotineira nos últimos. Desta maneira a velha DIT, que distingue apenas países exportadores de produtos industriais e países exportadores de produtos primários, vai sendo substituída por outra nova, na qual, no entanto, as diferenças de grau de desenvolvimento vão sendo mantidas e aproveitadas pelas multinacionais.

6. A Teoria das Vantagens Comparativas no comércio internacional

Com esta sumária revisão de como evoluiu a economia mundial, temos agora um quadro de fundo sobre o qual podemos apreciar as principais teorias do funcionamento da economia internacional. Comecemos pela Teoria das Vantagens Comparativas ou Recíprocas. Esta teoria é bastante antiga; sua formulação clássica é devida a David Ricardo, um economista inglês do início do século passado. Atualmente ela é apresentada de forma modificada, mas em essência é a mesma. Com ela se pretende definir os princípios que regem a divisão internacional do trabalho e, ao mesmo tempo, defender a mais ampla liberdade de comércio entre os países.

A Teoria das Vantagens Comparativas começa por constatar que cada país tem determinadas vantagens na produção de certas mercadorias e não na de outras. Essas vantagens podem ser "naturais" ou "adquiridas". São naturais quando decorrem de dons da natureza, como, por exemplo, depósitos minerais ou terra e clima favoráveis a determinados cultivos. O Brasil tem vantagens naturais para produzir café; a Arábia Saudita para produzir petróleo. Como as vantagens naturais se fundamentam em recursos naturais, elas só podem se referir à produção primária (extrativa ou agropecuária). Quando um país tem vantagens em certos ramos da produção secundária (industrial) ou terciária (serviços), estas só podem ser adquiridas. As vantagens adquiridas se explicam pela própria especialização. No século passado, a Grã-Bretanha se especializou na produção de tecidos, a Alemanha na de produtos químicos, a Suíça na de relógios. Neste século, assistimos aos Estados Unidos desenvolverem pioneiramente a produção em massa de automóveis e o Japão a microeletrônica. Cada um destes países acabou adquirindo certa superioridade tecnológica na linha de produção em que se especializou. As firmas desses países possuem patentes, dispõem da mão de obra científica e técnica, equipamento especializado etc., etc.

Uma das vantagens adquiridas mais importantes é a economia de escala. Quando uma ou poucas firmas de um país têm condições de produzir em grandes quantidades, o seu custo de produção por unidade cai. A Suíça, por exemplo, é um país pequeno, com cerca de seis milhões de habitantes. Se as firmas suíças se limitassem a produzir relógios para o mercado interno, o custo de cada relógio poderia ficar proibitivo. No entanto, ao produzir para o mundo inteiro, as companhias suíças podem fabricar cada tipo de relógio em grande quantidade e, por isso, a um custo relativamente reduzido.

A Teoria das Vantagens Comparativas supõe que as vantagens de cada país, em determinadas linhas de produção, sempre se traduzem em menores custos e portanto em menores preços. Havendo concorrência entre os produtores, as vantagens destes acabam favorecendo os consumidores, que terão a sua disposição produtos de melhor qualidade e por preços mais baixos. A moral da história é que é vantajoso para todos que haja completa liberdade de comércio entre os países – pois a livre competição entre todos os capitais nacionais é a única garantia do melhor aproveitamento das possibilidades de produção em todo mundo, em benefício dos consumidores de todo mundo.

Obviamente, qualquer ação do Estado nacional no sentido de criar barreiras (aduaneiras, por exemplo) ao livre fluxo de mercadorias seria condenável. Cada agricultor, cada industrial e cada comerciante deve ser livre para vender e comprar em qualquer lugar do mundo. As fronteiras nacionais não devem se constituir em fronteiras econômicas. Trata-se de uma teoria internacionalista, que toma por objeto o bem-estar dos indivíduos como "cidadãos do mundo" e se opõe a qualquer nacionalismo econômico.

O ponto fraco da Teoria das Vantagens Comparativas é que ela é completamente a-histórica. Ela não leva em conta as profundas diferenças de grau de desenvolvimento das diversas economias nacionais. Como vimos, as vantagens na produção industrial foram adquiridas por um pequeno grupo de nações no século passado, que usaram o comércio internacional para impedir que as demais se industrializassem. O processo de desenvolvimento das forças produtivas tem, desde a Revolução Industrial, a indústria como centro dinâmico. É nela que se gera a maior parte dos novos produtos assim como os novos processos de produção. No século passado, foram os países industrializados que condicionaram, nos países de economia colonial, a evolução das atividades agrárias e extrativas. Este fato permitiu que os países industrializados dominassem economicamente os que lhes forneciam as matérias-primas.

Além disso, a relação entre custos e preços não é a mesma no caso dos produtos industriais e dos produtos primários. Como foi visto no primeiro capítulo, os preços dos produtos industriais são frequentemente formados em regime de oligopólio, no qual os vendedores têm condições de obter amplas e variadas margens de lucro sobre os seus custos de produção. Assim, os baixos custos que resultam do comércio internacional tendem antes a beneficiar as grandes firmas industriais dos países desenvolvidos e não os consumidores dos países não desenvolvidos. Já os produtos extrativos têm os seus preços formados em regime oligopsônico, na maioria dos casos, o que significa (como se viu no capítulo 1) que a margem de ganho dos produtores é estreita por ser controlada pelos compradores. Os produtos agrícolas, por sua vez, estão sujeitos a flutuações violentas de oferta, devidas às oscilações das colheitas, o que faz com que seus preços variem fortemente, do que se aproveitam os especuladores. Em suma, a suposição da Teoria das Vantagens Comparativas, de que a redução dos custos sempre beneficia os consumidores, se realiza apenas parcialmente para os importadores de produtos primários, mas de modo nenhum para os importadores de produtos industriais.

Desta maneira, a especialização de acordo com as vantagens comparativas não produziu, entre os diferentes países, relações de igualdade e benefício mútuo, como supunha a teoria, mas de dependência e exploração. Os países que se especializaram na produção primária ficaram dependentes dos países industrializados, que passaram a dominar o comércio mundial e a impor relações de intercâmbio – isto é, preços relativos de produtos primários e produtos manufaturados – sumamente favoráveis para eles e, portanto, desfavoráveis para os fornecedores de produtos agrícolas e minerais.

7. A Teoria da Indústria Infante

Esta teoria foi formulada por autores alemães e americanos, ainda no século XIX, em resposta à Teoria das Vantagens Comparativas, que foi originalmente britânica. Ela surge da constatação de que o país que se industrializa primeiro adquire tais vantagens comparativas na produção industrial, que os demais países – desde que pratiquem o livre-câmbio – são impossibilitados de se industrializar também. Foi o que aconteceu com a Alemanha e os Estados Unidos no século passado. Suas indústrias não tinham capacidade de competir em condições de igualdade, no mercado nacional, com a britânica, a qual, além de ter maior experiência, operava em escala muito maior, pois vendia seus produtos em todo o mundo. Para viabilizar sua industrialização, os Estados Unidos e a Alemanha passaram a proteger seus mercados internos, cobrando elevadas tarifas aduaneiras sobre produtos importados que competiam com os de suas próprias indústrias. Nos Estados Unidos, quando começaram a prevalecer os interesses industriais dos Estados do norte, representados pelo Partido Republicano, crescentes barreiras protecionistas foram erguidas, principalmente contra as manufaturas inglesas. Política semelhante seguiu a Prússia, que liderou o processo de unificação dos Estados alemães, formando com estes uma união aduaneira – o *Zollverein* – mediante a qual o mercado interno destes Estados era unificado e reservado aos produtos da indústria alemã.

A Teoria. da Indústria Infante surgiu, de certa forma, para justificar essa prática protecionista. Ela se aplica aos países que chegam tardiamente – que em inglês são denominados *late comers* – à industrialização, mostrando que é do interesse nacional, nestes casos, proteger os novos ramos da indústria para torná-los viáveis. A ideia básica é que uma indústria requer um certo período de tempo para amadurecer, ou seja, para que trabalhadores, técnicos e administradores tenham adquirido os conhecimentos e a experiência que permitam atingir a máxima eficiência. Durante este período inevitável de aprendizado – que pode durar vários lustros –, os custos são mais altos do que os da indústria estrangeira, de modo que os produtos desta têm de ser encarecidos mediante uma tributação mais alta. Desta maneira, os consumidores serão induzidos a comprar os produtos da indústria nacional, apesar de caros e possivelmente de pior qualidade.

É claro que o sacrifício do consumidor deve ser temporário. Uma vez transcorrido o período de amadurecimento indispensável, a nova indústria deverá ter alcançado eficiência igual à de suas congêneres do exterior, o que permite eliminar as barreiras protecionistas, ou seja, a tarifa sobre os produtos importados do ramo em questão deverá ser reduzida de novo ou mesmo eliminada. A partir deste momento, passam a valer as proposições da Teoria das Vantagens Comparativas, que ressaltam os benefícios da prática do livre-câmbio.

A Teoria da Indústria Infante não é alternativa à Teoria das Vantagens Comparativas, mas constitui uma espécie de complemento dela, apontando sua inaplicabilidade em determinadas situações. Mesmo assim, sua importância foi grande, na medida em que justificava, aos olhos dos políticos, as reivindicações de proteção da ainda incipiente burguesia industrial em países que se inseriam na DIT apenas como exportadores de produtos primários. No Brasil, durante o auge do ciclo cafeeiro (1840-1930), o argumento da "indústria infante" foi amplamente utilizado para defender políticas aduaneiras favoráveis aos ramos que procuravam substituir importações.

8. A Teoria da Troca Desigual

Esta teoria, ao contrário das anteriores, baseia-se em premissas da teoria marxista. Mas sua formulação se inspira em teses de autores não marxistas, quais sejam, o economista argentino Raul Prebisch, fundador e mestre da chamada "escola da CEPAL" e o economista H. W. Singer, que durante muito tempo se ocupou dos problemas do desenvolvimento econômico, no âmbito da ONU. Ambos (independentemente um do outro) expressaram, por volta de 1950, ideias análogas a respeito de uma tendência inevitável, a longo prazo, de deterioração dos termos de intercâmbio dos países exportadores de produtos primários. Em outras palavras, a Teoria Prebisch-Singer sustentava que (em virtude dos fatores analisados no item seis deste capítulo) os preços dos produtos industriais tendem sempre a subir em relação aos dos produtos primários.

Uma visão análoga a esta alimenta a Teoria da Troca Desigual. Seu ponto de partida é a constatação de que os capitais se movimentam livremente entre os países capitalistas, transferindo-se para aqueles em que a taxa de lucro é mais alta. A entrada de capitais ocasiona a criação de novas empresas ou a ampliação das já existentes, a produção aumenta, o que faz com que os preços diminuam, o mesmo ocorrendo, em consequência, com a taxa de lucro. E nos países em que a taxa de lucro é menor os capitais são exportados, o que resulta em queda da produção, elevação dos preços e aumento da taxa de lucro. No item dez do capítulo 1 vimos como a movimentação dos capitais entre os diferentes ramos de produção (de produtos elásticos) tende a uniformizar as taxas de lucros de todos eles. A Teoria da Troca Desigual supõe que o mesmo ocorre entre países, ou seja, que as taxas de lucro tendam a ser semelhantes nas diversas economias nacionais.

Acontece que nos países exportadores de produtos primários os salários são muito mais baixos do que nos países industrializados. Nos EUA, por exemplo, o salário médio dos trabalhadores industriais é cerca de cinco vezes maior do que na América Latina e cerca de dez vezes maior do que na Ásia. Ora, isso deveria proporcionar taxas de lucros muito maiores nos países não desenvolvidos – só que o afluxo de capitais multinacionais, atraídos pela alta lucratividade, tende a multiplicar a oferta e, consequentemente, forçar a baixa dos preços e, como resultado, da taxa de lucros. Desta maneira, os produtos primários exportados pelos países não desenvolvidos têm seus preços rebaixados a um nível muito inferior aos seus valores, em termos do tempo de trabalho social gasto em sua produção. O mesmo não se dá, como é óbvio, com os produtos dos países desenvolvidos, de altos salários. De modo que a troca de produtos primários por produtos manufaturados seria bastante *desigual,* pois grande parte do valor, gerado pelo trabalho nos países de economia colonial, é transferido sem contrapartida aos compradores de sua produção nos países desenvolvidos, basicamente porque o custo de reprodução da força de trabalho naqueles é muito menor do que nestes.

Uma das consequências desse processo é que grande parte da mais-valia, produzida nos países não desenvolvidos e que poderia ser usada para acumular capital neles e deste modo impulsionar sua industrialização, acaba sendo transferida, mediante a troca desigual, para os países já industrializados. Desta maneira, o comércio mundial e o movimento internacional de capitais reitera e reforça os desníveis de desenvolvimento, ao transferir valor dos países mais pobres aos mais ricos.

Uma das dificuldades com a Teoria da Troca Desigual é que ela não pode ser verificada empiricamente. Não há como medir o valor das mercadorias transacionadas entre países. O que aparece, na prática, são somente seus preços. Agora, é indiscutível que os salários são bem mais altos nos países da América do Norte, Europa, Oceania e Japão do que nos da América Latina, Ásia e África. Mas desta desigualdade nada se pode deduzir enquanto não se souber se a produtividade média do trabalho também não é bem maior nos países do Norte do que nos do Sul. Pois se a produtividade média do trabalhador norte-americano fosse também cinco vezes maior que a do latino-americano, a taxa de lucro seria a mesma nos diversos países, mesmo se os preços das mercadorias fossem estritamente proporcionais aos seus valores. Suponhamos que, durante um ano, tivéssemos a seguinte situação:

	América do Norte	América Latina
1.Produção/trabalhador	100	20
2. Salário/trabalhador	50	10
3. Lucro/trabalhador (1-2)	50	10
4. Capital/trabalhador	200	40
5. Taxa de lucro (3:4)	25%	25%

Neste exemplo estamos supondo que haja a mesma relação de proporcionalidade de 5:1 entre as produtividades do trabalho, os salários e o capital investido por trabalhador. Como a produtividade do trabalho é, em grande medida, condicionada pela quantidade e qualidade do equipamento com que opera o trabalhador, é lógico admitir que, se o trabalhador do Norte produz cinco vezes mais que o do Sul, o valor dos meios de produção que utiliza também deva ser cinco vezes maior.

Embora seja lógica a suposição de que haja certa relação entre produtividade do trabalho e capital/trabalhador, nada permite supor que deva haver proporcionalidade entre produtividade do trabalho e salário. Essa proporcionalidade consta no exemplo apenas para mostrar que, *neste caso*, apesar do desnível dos salários, as taxas de lucro seriam idênticas.

Na realidade, faltam estudos comparativos da produtividade física – isto é, do número de homens-hora necessários para produzir um avião ou uma tonelada de café – em diversos países. Além disso, a Teoria da Troca Desigual enfoca o intercâmbio de produtos *diferentes,* digamos, café brasileiro por aviões americanos. Ora, se nós não produzimos aviões nem os americanos café, comparar as produtividades do trabalho em ambos os países é impossível. Seja como for, comparando-se o trabalho nos *mesmos* setores em países diferentes, chega-se à conclusão de que a sua produtividade nos países industrializados tende a ser maior do que nos não desenvolvidos, embora o desnível de produtividade o mais das vezes seja *menor* do que o de salários. Isso pode ser uma indicação de que alguma transferência de valor mediante o comércio internacional esteja ocorrendo, embora não tão grande quanto os teóricos da troca desigual supõem, pois eles não levam em consideração as eventuais diferenças de produtividade.

Não obstante, a Teoria da Troca Desigual tem o mérito de haver demonstrado que, se os salários nos países não desenvolvidos aumentassem, os preços dos seus produtos de exportação também teriam de aumentar, o que melhoraria seus termos de intercâmbio com os países desenvolvidos. Isso demonstra que os níveis muito baixos de remuneração do trabalho, nos países exportadores de produtos primários, têm sido vantajosos para os países que adquirem esses produtos (ideia já presente na Teoria Prebisch-Singer).

Mas, embora a Teoria da Troca Desigual tenha contribuído para esclarecer a relação entre os custos internos a cada país (particularmente salários) e a formação dos preços no comércio internacional, a principal conclusão que se tira dela – a de que aumenta sem cessar a brecha entre países ricos e países pobres – não se tem confirmado. Na realidade, para uma série de países recém-industrializados (entre os quais o Brasil ocupa lugar importante), o que sucedeu durante as últimas décadas foi exatamente o contrário: seu Produto Nacional e sobretudo seu Produto Industrial cresceram bem mais que os dos países desenvolvidos. Inegavelmente, a acumulação de capital tem sido mais intensa no Brasil, no México, na Coreia do Sul e outros países em industrialização do que na maioria das nações da Europa Ocidental e América do Norte, o que não seria possível se grande parte do excedente acumulável tivesse sido transferida mediante a troca desigual dos primeiros países mencionados aos últimos.

O desenvolvimento acelerado não está ocorrendo, é óbvio, em *todos* os países não desenvolvidos. Há um bom número deles em que ainda não se iniciou de fato o desenvolvimento e que, portanto, estão sujeitos a um processo de empobrecimento relativo, como é o caso de Bangladesh, Haiti e vários países africanos, que hoje começam a ser chamados de Quarto Mundo. Está havendo assim uma crescente diferenciação entre os países que compõem o Terceiro Mundo. Mas nem aos países do assim denominado Quarto Mundo a Teoria da Troca Desigual oferece uma explicação do seu atraso. É que estes países são dos que menos exportaram entre o conjunto dos não desenvolvidos. Se a drenagem da mais-valia se faz pelo comércio externo, dever-se-ia esperar que houvesse uma correlação entre grau de pobreza e volume de comércio externo, o que de modo algum se verifica. Países que mais abriram sua economia à divisão internacional do trabalho e que – como a Coreia do Sul ou Taiwan – se tornaram "plataformas de exportação" de produtos industriais à base de mão de obra ultrabarata são alguns dos que mais se desenvolveram – o que seria incompreensível à luz da Teoria da Troca Desigual. Obviamente, o ritmo de desenvolvimento das economias nacionais depende ainda de outros fatores, como teremos ocasião de verificar no capítulo 5.

9. O Sistema Internacional de Pagamentos

Além das teorias sobre o comércio internacional, que acabamos de resenhar, convém ver como funciona o movimento internacional de capitais e de dinheiro. Todo mundo já ouviu falar da "crise do dólar", que evidencia o fato de que as instituições que regem esse movimento já há vários decênios não estão funcionando. Vamos, pois, examinar essa crise e de que maneira ela se insere no panorama da economia mundial.

Para que uma economia mundial possa funcionar, ou seja, para que possa haver trocas sistemáticas de mercadorias entre países e também para que capitais e rendimentos possam fluir de um país para outro, é preciso que haja meios de pagamentos aceitáveis para todos os países que participam desse relacionamento. Mas esses meios de pagamentos não podem ser as moedas nacionais dos países, cuja dinâmica examinamos no capítulo 2. Cada moeda nacional tem curso forçado dentro das fronteiras do *seu* país mas, por isso mesmo, não pode funcionar como meio de pagamento fora delas. Como foi visto, em cada território nacional, o governo timbra em deter o monopólio de emissão do meio de pagamento com curso forçado. Em outras palavras, o monopólio de cada moeda em seu espaço nacional não permite que qualquer uma delas possa ser uma verdadeira moeda internacional.

No passado, a função de moeda internacional era desempenhada por metais preciosos, particularmente o ouro. Mas, como o volume total de ouro em circulação era muito limitado e crescia lentamente, o sistema internacional de pagamentos ficava sujeito a crises de liquidez, ou seja, de falta de numerário. Por isso, no fim da Segunda Guerra Mundial, em 1944, foi criado um novo sistema internacional de pagamentos, a partir da assinatura dos Acordos de Bretton Woods. De acordo com esse sistema, o ouro continuaria sendo a moeda internacional por excelência, mas complementado pelo dólar, desde que o governo dos EUA se comprometesse a manter fixo o valor do ouro em dólares, que era então de 35 dólares por onça de ouro. Como vimos no final do capítulo 2, os Estados Unidos foram capazes de manter esse compromisso por mais de duas décadas e meia, até 1971.

O sistema internacional de pagamentos, acertado entre os países aliados em Bretton Woods, e depois ampliado a todos os países capitalistas, tinha por base a estabilidade das relações de intercâmbio. O governo de cada país declarava uma relação de paridade de sua moeda em relação ao ouro (e portanto em relação ao dólar também) e se comprometia a intervir no mercado de câmbio no sentido de fazer valer essa relação. O Brasil, por exemplo, mantinha a relação de Cr$ 18,50 (cruzeiros antigos) por dólar. Se houvesse grande demanda por dólares ameaçando elevar a taxa acima dos Cr$ 18,50, o governo entraria no mercado vendendo dólares de suas reservas a esse preço, de modo a impedir que ele subisse. Se houvesse grande oferta de dólares de modo a pressionar a taxa de câmbio para baixo, o governo passaria a comprar dólares a Cr$ 18,50 para impedir que esse preço caísse. Se todos os governos agissem desta maneira, assegurando o valor relativo da libra, do marco, do franco, do iene etc., as taxas de câmbio de todas elas com o ouro e, portanto, com o dólar e com as outras moedas, manter-se-iam estáveis. Essa estabilidade interessava não só aos governos mas ao conjunto de operadores na economia mundial – exportadores, importadores, empresas multinacionais –, que poderiam planejar suas atividades sem se preocupar com eventuais flutuações do valor relativo das várias moedas nacionais.

O pressuposto básico do sistema de Bretton Woods é que não haveria inflação nos países capitalistas e que as relações econômicas entre eles seriam normalmente equilibradas. Para enfrentar situações excepcionais de desequilíbrio, causadas por catástrofes como guerras, terremotos, perdas de colheitas etc., foi criado um organismo capaz de prestar ajuda a países em dificuldades: o Fundo Monetário Internacional (FMI), que tem como associados a grande maioria dos países capitalistas (e, hoje em dia, também vários países de economia centralmente planejada), cada país associado contribuindo para o Fundo com determinada quantidade de sua própria moeda. Assim, o FMI dispõe de certo volume de cruzeiros, de dólares, marcos, ienes e demais moedas, podendo fazer empréstimos a qualquer país necessitado, na moeda em que este o desejar.

Na prática, o sistema jamais funcionou a contento, porque muitos países, principalmente os do chamado Terceiro Mundo, não conseguiram evitar a inflação nem manter em equilíbrio suas contas externas. Como foi visto no capítulo 2 (sobretudo nos itens de 8 a 11), as economias capitalistas com moeda fiduciária apresentam elevada propensão a resolver suas eventuais dificuldades mediante expansão do volume de meios de pagamento, do que não pode deixar de resultar inflação. Ora, a desvalorização interna da moeda acaba sempre por acarretar sua desvalorização externa. Sendo o ritmo de inflação diferente em cada país, os países com menor inflação têm sua moeda valorizada em relação à dos países com inflação maior. Assim, se num determinado ano nossa inflação for de 60% e a dos EUA for de 10%, o valor do cruzeiro em termos de dólar terá de ser reduzido por um fator equivalente a 1,1/1,6. Se no começo deste ano um dólar valia 50 cruzeiros, no fim ele deverá valer 50: 1,1/1,6 = 72 cruzeiros! É óbvio que, nestas circunstâncias, as taxas de câmbio têm de estar flutuando o tempo todo, o que era exatamente o que o sistema acertado em Bretton Woods tinha por fim evitar.

Mas o que atrapalhou mais o funcionamento do sistema internacional de pagamentos não foi a inflação, mas as tentativas de combatê-la, mediante o não reajustamento da taxa cambial. Quando a moeda de um país é desvalorizada em relação às dos outros países, as suas importações se tornam mais caras, o que dá um novo impulso à inflação. Porém, manter a taxa cambial fixa, apesar da inflação, leva a novas distorções, pois o aumento dos custos internos de produção encarece as exportações do país em questão, que passa a perder sua posição no mercado mundial. Em pouco tempo, sua receita de exportações não dá mais para pagar as importações, levando a um desequilíbrio no Balanço de Pagamentos. Esse desequilíbrio pode ser provisoriamente "resolvido" através de empréstimos tomados no exterior, mas estes agravam o desequilíbrio, pois parte da já insuficiente receita de divisas (ouro ou moeda conversíveis em ouro) tem de ser usada para pagar os juros da dívida externa. Quando a situação se tornava realmente insustentável, os governos recorriam ao FMI, que é uma espécie de fonte de última instância de recursos para cobrir a chamada "brecha externa".

O FMI é um organismo internacional, dirigido pelos países que têm as maiores quotas dele, a saber, os Estados Unidos e os principais países industrializados. Do ponto de vista dos governos destes países, que até o começo da década de 70 tinham pouca inflação e superávit no Balanço de Pagamentos (exceto os EUA), o FMI deveria servir de controlador das economias mais fracas, incapazes de manter sua moeda estável e seu comércio externo em ordem. De modo que o FMI enviava a estes países suas famosas missões, com o fim de "aconselhar" os respectivos governos na formulação da política econômica. Na prática, isso significava que o FMI só concedia auxílio, isto é, empréstimos, aos governos que se comprometiam a pôr em prática medidas capazes de acabar com a inflação e o desequilíbrio no Balanço de Pagamentos. Essas medidas de *controle monetário da inflação* (capítulo 2, item 11) acabavam lançando o país em crise ou recessão econômica mais ou menos generalizada, que muitas vezes era atribuída exclusivamente às imposições do FMI. É óbvio que este era responsável, na medida em que não admitia nem se mostrava capaz de imaginar qualquer outra política que não fosse o monetarismo mais ortodoxo. Mas é óbvio também que os governos que recorriam ao FMI se mostravam igualmente incapazes, usando muitas vezes o Fundo como biombo para ocultar sua própria responsabilidade.

O FMI se mostrou capaz de impor suas receitas a países fracos como o Peru ou Portugal, mas não a países fortes no seio dele e principalmente ao mais forte de todos, isto é, o que tinha maior quota do Fundo: os EUA. Este tinha o privilégio de emitir uma moeda – o dólar – que os demais países utilizavam como reserva, julgando-o equivalente ao ouro. Desta maneira, os Estados Unidos passaram a comprar do resto do mundo muito mais do que lhe forneciam, pagando a diferença em dólares. Os americanos utilizaram esse poder de emitir uma moeda de aceitação internacional como reserva de valor para adquirir não apenas mercadorias, mas empresas de outros países, sobretudo na Europa. As multinacionais americanas penetraram, depois da Segunda Grande Guerra, na Europa, montadas numa maré de dólares, adquirindo nos mercados dos países industrializados uma posição competitiva fortíssima em relação às companhias nacionais.

Teoricamente os dólares assim gastos poderiam ser levados de volta aos EUA e trocados por ouro. Mas como ouro não rende juros, e dólares, sob a forma de títulos do Tesouro dos EUA, sim, muitos bancos centrais resolveram constituir reservas cambiais em dólares e realizar pagamentos internacionais com eles. Criou-se assim o famoso mercado de eurodólares, ou seja, de dólares de propriedade de bancos europeus e que serviam de meio de troca em transações internacionais. Quem denunciou a desnacionalização da economia por meio desse mecanismo, pela primeira vez, foi o presidente da França, o general De Gaulle, que resolveu trocar os dólares em poder do seu banco central por ouro. Outros países europeus, em surdina (para não ofender o aliado americano), acabariam fazendo o mesmo e, assim, paulatinamente as grandes reservas de ouro monetário dos EUA foram diminuindo até se tornarem muito menores que o grande volume de dólares em circulação fora do país. Ficou claro então que os EUA não tinham como assegurar a troca desses dólares em ouro à base de 35 dólares por onça de ouro. Em 1971, o presidente Nixon simplesmente repudiou esse compromisso e declarou que os EUA comprariam e venderiam ouro ao preço do mercado, ou seja, o valor do dólar seria flutuante, dependendo da oferta e da procura. Hoje o preço da onça de ouro flutua entre 600 e 700 dólares, o que significa que o valor do dólar em ouro é apenas 1/20 do que os Estados Unidos se tinham comprometido a manter. Quem fez reserva de valor em dólares, podendo tê-lo feito em ouro, perdeu 19/20 do valor por ter acreditado na onipotência econômica do governo americano.

Desta maneira acabou o sistema internacional de pagamentos baseado no ouro e no dólar e em relações fixas de paridade. A inflação se generalizou alcançando os países industrializados e o grande aumento dos preços do petróleo desequilibrou os Balanços de Pagamento da maioria dos países que importam esse combustível. Hoje, o valor relativo de cada moeda em relação às demais é flutuante, oscilando, não apenas ao sabor da procura e oferta de cada uma, mas de fortes movimentos especulativos que ocasionaram bruscas alterações nas relações de câmbio das principais moedas. Nestas condições, fica muito difícil aos operadores da economia internacional fazerem planos ou acordos a longo prazo, o que ameaça a expansão e mesmo a continuidade das relações econômicas entre os países.

A essência da crise está no fato de que a economia mundial não pode simples e puramente voltar a depender de uma moeda-mercadoria, como, por exemplo, o ouro. Se se fizesse isso, a especulação com o ouro assumiria proporções fantásticas e as crises de liquidez anarquizariam a economia internacional. Aos olhos dos liberais, a grande vantagem do ouro é que o seu suprimento independe, em princípio, de qualquer decisão política. Mas este é precisamente o seu defeito numa época em que a maioria dos governos pratica política monetária, ou seja, controla ativamente a oferta de meios de pagamento em cada economia nacional. O que se precisa é de um meio internacional de pagamentos cujo volume cresça de acordo com as necessidades da economia internacional, o que pressupõe uma autoridade emissora que, em princípio, só poderia ser parte de um governo mundial. Na ausência deste, o FMI emite uma espécie de moeda internacional de reserva denominada Direitos Especiais de Saque (DES), que não passa de um sucedâneo precário da verdadeira moeda que precisaria ser criada.

No fundo, a crise do sistema internacional de pagamentos reflete a erosão da hegemonia americana sobre a economia capitalista do mundo. Enquanto essa hegemonia prevalecia, o dólar exercia as funções de moeda mundial. Quando, nos EUA, ela começou a ser corroída pelo crescimento mais rápido das economias europeias e do Japão, pensou-se que o sistema internacional de pagamentos poderia ser reformado por acordos negociados entre as nações capitalistas mais poderosas. Mas, com a elevação do preço do petróleo, a partir de 1973, grande parte das reservas monetárias internacionais passou às mãos dos países exportadores de petróleo, o que alargou o círculo dos que *têm* de participar da tomada, de decisões, tornando a possibilidade de se montar uma autoridade monetária internacional cada vez menor.

Nesse momento, não há qualquer mecanismo que proteja a economia internacional de crises financeiras que podem eclodir de movimentos especulativos promovidos, em boa parte, por empresas multinacionais ou de desentendimentos entre potências devedoras e os grandes banqueiros internacionais, encarregados de "reciclar" os saldos de petrodólares da Opep. Esta última possibilidade interessa diretamente ao Brasil, cuja dívida externa de mais de 50 bilhões de dólares (em 1980) é a maior do chamado Terceiro Mundo. Se os grandes banqueiros se recusarem a financiar o déficit do balanço brasileiro em conta-corrente, é possível que sejamos obrigados a suspender o serviço da dívida externa, o que bem poderia desencadear a quebra de uma série de instituições financeiras que não estão sob o controle nem sob a proteção de qualquer banco central. Isso só não ocorre, pelo menos até agora, porque interessa aos grandes detentores de saldos financeiros manter a confiança nos sucedâneos de moeda internacional que constituem seus ativos. Em outras palavras, os desentendimentos entre as nações e grandes operadores são mantidos em limites "manejáveis" porque as perdas em conflitos abertos seriam muito grandes para todos os participantes.

10. Perguntas e respostas

P – *O que quer dizer um Balanço de Pagamentos positivo?*

Singer – O Balanço de Pagamentos de um país é positivo quando, no conjunto de todas as suas transações com o exterior, os valores recebidos foram maiores que os gastos. O Balanço de Pagamentos é um registro contábil das transações do país com o exterior durante um ano. Essas transações podem ser de:

a) *mercadorias* que são compradas (importação) e vendidas (exportação), formando a Balança Comercial, que é parte do Balanço de Pagamentos;

b) *serviços* divididos em *reais* (transporte, turismo) e *financeiros* (juros, lucros e dividendos), que também são comprados e vendidos ou recebidos e remetidos. Eles formam a Balança de Serviços, que é outra parte do Balanço de Pagamentos;

c) *capitais* que assumem duas formas: *investimentos diretos* e *empréstimos;* na Balança de Capitais se registram as saídas e entradas dos mesmos.

Cada uma dessas balanças pode ter saldo positivo ou negativo. Assim, se o país exporta mais do que importa, o saldo da Balança Comercial é positivo; se as importações forem maiores que as exportações, o saldo será negativo. O mesmo critério é usado para se apurar os saldos das Balanças de Serviços e de Capitais. O saldo do Balanço de Pagamentos é a soma algébrica dos saldos das três balanças.

P – *Como tem sido o Balanço de Pagamentos do Brasil?*

Singer – Vamos examinar os valores médios anuais do Balanço de Pagamentos do Brasil entre 1974 e 1979 (em milhões de dólares dos EUA):

1. Balança Comercial		
Exportações		11.129
Importações	−	13.484
Saldo	−	2.355
2. Balança de Serviços		
Serviços reais (saldo)	−	1.706
Serviços financeiros (saldos)		
• juros	−	2.144
• lucros e dividendos	−	419
Saldo	−	4.269
3. Transações correntes (1 + 2)	−	6.624
4. Balança de Capitais		
Investimentos diretos (saldo)		1.021
Empréstimos e financiamentos (saldo)		8.966
Amortizações (saldo)	−	3.808
Outros (saldo)		613
Saldo	−	6.792
5. Diversos (transferências; erros e omissões)	−	5
6. Saldo do Balanço de Pagamentos		163

Fonte: Batista Jr., Paulo N., "Balanço de Pagamentos e Dívida Externa 1974-1980". *In: Boletim IERJ,* Rio de Janeiro, jan./fev. 1981.

Como se pode ver, na segunda metade dos anos 70, o Brasil teve saldos negativos nas Balanças Comercial e de Serviços. O déficit na Balança Comercial pode ser atribuído, em grande parte, à acentuada elevação do preço do petróleo, que não pode ser compensado por uma expansão suficiente das exportações. O déficit da Balança de Serviços se deve sobretudo ao forte saldo negativo dos serviços financeiros. Os saldos das Balanças Comercial e de Serviços compõem o saldo das Transações Correntes, que tem sido fortemente negativo, atingindo em média 6,6 bilhões de dólares por ano. Esse déficit tem sido coberto pelo saldo positivo da Balança de Capitais. Convém notar que o volume de Empréstimos e Financiamentos – quase 9 bilhões – é muito maior que o de Investimentos Diretos e serve para cobrir tanto o saldo negativo em Transações Correntes como a Amortização de dívidas anteriores. É esse grande volume de empréstimos que faz crescer nossa dívida externa e é responsável pela elevada soma de juros (mais de 2 bilhões) enviada anualmente ao exterior.

Esses valores ilustram claramente o desequilíbrio de nosso Balanço de Pagamentos: ao consumir maior valor em mercadorias e serviços do que vendemos ao resto do mundo, somos obrigados a obter a diferença sob a forma de capitais, que ensejam novos encargos, como remessas de juros e de lucros e dividendos. Nesta altura, o Brasil está sendo obrigado a procurar, cada ano, recursos mais volumosos, basicamente para pagar dívidas vencidas, juros e lucros.

P – *E como faz o Brasil para obter capitais no exterior?*

Singer – Uma parte relativamente pequena (pouco mais de 1 bilhão) desses capitais é trazida para cá como investimentos diretos pelas multinacionais. O valor dessas inversões é maior do que as remessas de lucros e dividendos (419 milhões) que essas firmas fazem, o que significa que, em conjunto, elas trazem mais dinheiro ao Brasil do que dele levam. Ao menos, no período de 1974-79 foi assim e no anterior também. Entre 1968 e 1973, as inversões diretas foram em média de 299 milhões por ano e as remessas de lucros e dividendos de 127 milhões (de acordo com a mesma fonte do quadro).

As multinacionais fazem isso não por amor ao Brasil, mas porque aqui sua lucratividade tem sido muito boa, melhor do que em muitos outros países. Isso contradiz a noção de muita gente de que as multinacionais sempre sugam financeiramente o país. Já o fizeram no passado e é bem possível que voltem a fazê-lo no futuro, mas nos últimos anos sua contribuição, ao menos "oficial", para o Balanço de Pagamentos tem sido positiva.

As multinacionais são de capital estrangeiro, o que quer dizer que seus acionistas são americanos, alemães, japoneses etc. Mas isso não quer dizer que sua finalidade seja pagar dividendos a esses acionistas. Supor isso é desconhecer a essência da empresa capitalista, que almeja maximizar seus lucros para *acumular*. Do ponto de vista da empresa, o que quer dizer, de quem a dirige, os dividendos são um mal necessário: "mal", porque reduzem o montante disponível para investir, isto é, renovar e ampliar a empresa; "necessário", porque os dividendos valorizam as ações da empresa, o que lhe permite, em determinados intervalos, emitir novas ações e assim levantar capitais adicionais na Bolsa de Valores. Para as multinacionais, que estão presentes em grande número de países, o ideal é orientar seus investimentos para as economias que mais crescem e onde os custos de produção e os tributos são menores. Neste sentido, as condições no Brasil são das mais favoráveis. Agora, se o Brasil entrar numa crise ou numa recessão séria, as multinacionais procurarão retirar do país não só os lucros que aqui obtiveram, mas também parte dos capitais que investiram.

Os empréstimos estrangeiros são obtidos por empresas sediadas no país – estatais, multinacionais e privadas nacionais – dos bancos internacionais, que desde a chamada "crise do petróleo" têm reciclado grande volume de petrodólares. O aumento do preço do petróleo ocasionou grandes saldos positivos nos Balanços de Pagamentos dos países exportadores desse produto, principalmente de alguns, como a Arábia Saudita e os Emirados do golfo Pérsico, que têm pequena população e não conseguem gastar, ao menos em curto prazo, as imensas receitas da exportação desse combustível. Cerca de metade desses saldos tem sido depositada nos bancos "multinacionais" – bancos americanos, europeus e japoneses que operam em numerosos países. Ora, esses bancos pagam juros sobre esses depósitos e por isso se encontram sob violenta pressão para reemprestá-los a juros mais altos. E eles o fazem, oferecendo créditos a empresas de países que não estão ainda em crise e, portanto, têm condições de honrar seus compromissos. Neste sentido, as multinacionais implantadas no Brasil têm carreado muito capital de empréstimo para cá, inclusive capital próprio das matrizes, que preferem emprestar às suas subsidiárias a investir nelas, porque assim pagam menos impostos.

P – *Qual é a regulamentação da remessa de lucros do Brasil ao exterior?*

Singer – É necessário explicar inicialmente que as empresas estrangeiras – isto é, as empresas que são inteiramente ou em maior parte propriedade de não residentes no país – são obrigadas a registrar no Banco Central todas as suas inversões e reinversões e é sobre elas que são autorizadas remessas de lucros. A lei atualmente em vigor (Lei nº 4.390, de agosto de 1964) não estabelece limites absolutos aos montantes remetidos mas prevê um imposto adicional sobre os lucros remetidos que excedem 12% do capital da empresa. Este imposto adicional é de: 40% sobre o montante que representa de 12 a 15% do capital; 50% sobre o montante de 15 a 25%; e 60% sobre o montante além de 25%. Isso representa uma forte carga tributária sobre remessas elevadas de lucros, o que explica a preferência das multinacionais por aplicar em suas subsidiárias sob a forma de empréstimos. A remessa de juros ao exterior não é gravada por qualquer tributação.

P – *Mas as multinacionais não têm outras formas de remeter lucros? Por sub ou superfaturamento?*

Singer – Sim, com efeito, isto é possível. Uma grande parte do comércio mundial é realizada hoje entre firmas que são partes da mesma multinacional. Assim, subsidiárias de multinacionais estabelecidas no Brasil, por exemplo, importam componentes, equipamentos e matérias-primas de suas matrizes ou de companhias-irmãs sediadas em outros países. E muitas de suas exportações têm o mesmo destino. Os preços dessas mercadorias são administrados, ou seja, não têm de ser iguais aos de mercadorias idênticas vendidas por outras firmas. Então, é bem possível fixar esses preços de tal modo a remeter "inoficialmente" lucros da subsidiária brasileira à matriz ou a outra subsidiária. Digamos, por exemplo, que a filial brasileira venda à matriz motores cujo preço normal seria de 2.000 dólares, mas o faça por apenas 1.000 dólares. A diferença desse subfaturamento de 1.000 dólares por motor constitui uma remessa de lucros não registrada e que não aparece em qualquer estatística. O mesmo fim pode ser alcançado pela matriz vendendo à filial esse motor por 3.000 dólares.

Embora se saiba que isso pode ser e tem sido feito, é muito difícil comprová-lo na prática e mais ainda coibi-lo. Estudos de importações de multinacionais na Colômbia mostraram amplo superfaturamento, o que indica que possivelmente seja prática bastante generalizada.

P – *O senhor falou que as multinacionais não têm como finalidade pagar dividendos. Então, para quem elas dão os lucros?*

Singer – A resposta a esta pergunta seria: para ninguém, sob a forma de meios de consumo; para os seus dirigentes, sob a forma de mais poder e mais segurança. Isso contradiz as aparências e o senso comum, mas a ciência faz isso mesmo. Se as aparências refletissem toda a realidade, a ciência não seria necessária.

A teoria marginalista tende a encarar a empresa como meio para satisfazer as necessidades e os desejos de seu dono. Ela não distingue entre a empresa individual (a banca de frutas, o sapateiro remendão) e a empresa capitalista, na qual o trabalho é feito por assalariado e o dono nem sempre está presente. Na empresa individual, o proprietário retira o necessário para reproduzir sua força de trabalho e a concorrência entre as numerosas pequenas empresas a impede de ganhar mais do que seus gastos habituais. Na pequena produção de mercadorias não há acumulação. Mas Marx já mostrou que a acumulação é a alma da empresa capitalista. A competição entre as empresas capitalistas as obriga a investir para crescer e para aperfeiçoar seus métodos de produção. Nestas condições, a parte dos lucros consumida pelos patrões é uma dedução dos recursos para acumular. É claro que essa parte não é pequena, dando lugar a altos padrões de consumo, mas ela constitui um obstáculo ao êxito da empresa enquanto encarnação do capital.

As multinacionais pertencem a uma espécie de empresa chamada "monopólica", que se caracteriza pela completa separação entre os proprietários jurídicos e a direção. Esta constitui a burguesia gerencial, como vimos no capítulo 3, item 5. No caso dessas empresas, fica claro que os dividendos só servem para remunerar um grupo social *externo* à empresa, constituído em grande parte por outras empresas, principalmente bancos, companhias de seguro, fundos de aposentadoria etc. Os dividendos são claramente uma dedução dos fundos de acumulação da empresa, do mesmo modo que os juros e os impostos que ela tem de pagar.

Do ponto de vista dos dirigentes das multinacionais, os lucros têm de ser maximizados para que, depois de pagos os dividendos, juros e impostos, haja abundantes recursos para desenvolver novos produtos e novos métodos de produção, criar mais subsidiárias é ampliar as já existentes. Os ordenados dos altos dirigentes das multinacionais são proporcionais aos lucros de suas empresas, o que constitui um incentivo adicional para que procurem maximizá-los. Mas esse não é o incentivo principal. O fundamental é que os cargos de direção em multinacionais são *posições de poder.* O diretor de um Standard Oil ou de uma Volkswagen tem tanto poder quanto o chefe de governo de um país médio. As camadas médias da burguesia gerencial – diretores de subsidiárias, chefes de departamentos, gerentes de fábricas – também exercem poder, que é sempre proporcional à quantidade de pessoas que trabalham sob suas ordens e o volume de recursos que movimentam. Interessa a essas personagens conservar o poder que usufruem e se possível ampliá-lo. O que significa ampliar as empresas ou setores que estão sob seu comando.

Se o ritmo de acumulação for insuficiente, a multinacional começa a perder mercados, os lucros tendem a diminuir, seus produtos se tornam obsoletos. Não é difícil que a empresa entre em declínio cada vez mais acentuado, o que a forçará a se fundir com alguma multinacional que esteja em boas condições. Antes que isso aconteça, os grandes acionistas procurarão substituir os dirigentes da multinacional em dificuldades por outros. De qualquer modo, a posição dos que dirigem multinacionais só é segura à medida que suas empresas conseguem competir vitoriosamente com suas congêneres. E, para tanto, é preciso acumular, acumular e acumular.

CAPÍTULO 5
DESENVOLVIMENTO
ECONÔMICO

1. Introdução

Neste capítulo vamos estudar como as diversas teorias econômicas analisam o problema do desenvolvimento econômico. Esse tema, no fundo, trata de responder, para os diferentes países do mundo, a mesma pergunta que se coloca para os indivíduos no que se refere à distribuição de renda. No capítulo 3, a respeito desta questão, dissemos que a pergunta básica era: por que, em determinados países ou sociedades, havia pessoas ricas e pessoas pobres, e se, como consequência do seu desenvolvimento, a tendência seria de aumento ou diminuição da desigualdade entre ricos e pobres. A questão do desenvolvimento econômico tenta responder a uma pergunta análoga, só que, em lugar dos indivíduos, trata-se agora dos países. Reconhece-se o fato de que existe um grande desnível de desenvolvimento econômico entre os diferentes países. As perguntas são: Por quê? Qual a origem disso? Existem possibilidades de acelerar o desenvolvimento econômico dos países mais atrasados, de modo a reduzir e se possível superar a diferença que os separa dos mais ricos ou, ao contrário, a tendência do desenvolvimento econômico, no plano mundial, é aprofundar essa diferença? A teoria do desenvolvimento econômico procura analisar de que maneira os países, que são chamados de *late comers*, isto é, que chegaram tardiamente ao cenário da industrialização, podem recuperar esse atraso histórico.

Como foi mencionado no capítulo 4, a Revolução Industrial se deu inicialmente num só país, que foi a Grã-Bretanha, e posteriormente se expandiu para outro grupo de países da Europa, para a América do Norte e para o Japão. Fora da Europa e da América do Norte, são pouquíssimos os países que se poderiam considerar como industrializados, embora o número destes esteja crescendo. A maioria da população mundial encontra-se em economias chamadas "subdesenvolvidas", isto é, em países que não participaram da Revolução Industrial até agora, embora muitos desses países – como o Brasil, por exemplo – hajam alcançado certo grau de desenvolvimento; alguns deles já estão há décadas em processo de industrialização, ao passo que outros nem sequer o começaram. A análise do processo de desenvolvimento tenta dar conta dessa realidade. Antes de expor as posições teóricas referentes ao desenvolvimento, convém delinear o panorama factual da questão, ou seja, qual tem sido o ponto de partida e de que maneira genericamente se dá o desenvolvimento.

2. A economia colonial

O ponto de partida histórico para o desenvolvimento é a economia colonial. É a economia própria dos países que são ou que foram colônias ou semicolônias. Colônias são territórios totalmente dependentes, dominados por uma metrópole. No período imperialista do século passado, no entanto, a disputa entre várias metrópoles por um mesmo país impediu algumas vezes que qualquer uma delas o colonizasse. Assim, alguns países, devido à luta entre as próprias metrópoles, permaneceram politicamente independentes, porém, na prática, foram colonizados coletivamente por vários países industrializados. Casos notórios foram a China e o Egito. Países que tiveram economia colonial, sem terem sido colônias, no sentido estrito do termo, são chamados de "semicolônias". Também países que alcançaram sua independência política mas se mantiveram economicamente subordinados às antigas ou novas metrópoles, como ocorreu no século passado com países da América Latina, são ou foram semicolônias. Todos eles: colônias, ex-colônias ou semicolônias tiveram como base histórica do seu subdesenvolvimento a economia colonial.

Essa economia se forma a partir da segunda fase da Divisão Internacional do Trabalho que, conforme vimos no capítulo 4, apresenta uma primeira fase, que vai das grandes navegações até a Revolução Industrial, e depois uma segunda fase, que vai da Revolução Industrial até mais ou menos 1930. Nessa segunda fase é que se especializam na produção primária os países que tinham sido ou ainda eram colônias. Uma das coisas que caracterizam a economia colonial é a existência de um Setor de Mercado Externo, isto é, de um conjunto de atividades produtivas que se destinam à exportação, quase só aos países industrializados e não a outros países não desenvolvidos. Esse Setor de Mercado Externo é em geral "monoprodutor", ou seja, a maior parte desses países produz apenas um, dois, ou no máximo três produtos importantes para exportar. No Brasil, durante um longo período que se estende da Independência até os anos 60 do século xx – o Setor de Mercado Externo era quase só produtor de café, que chegou a representar cerca de 90% da nossa receita de exportações. Em certas épocas, junto com o café, exportamos açúcar; em outras, algodão ou borracha. Porém, o Setor de Mercado Externo esteve sempre limitado a dois ou no máximo três produtos importantes em cada fase de nossa história. Era, portanto, um setor altamente especializado, produzindo para a exportação aos chamados países centrais, isto é, aos países em que a Revolução Industrial estava em plena marcha. E seus produtos eram necessários à economia destes países, como matéria-prima ou alimento.

O Setor de Mercado Externo é o setor dinâmico da economia colonial. Via de regra, é o setor que mais cresce, em que a produtividade é mais alta, em que os métodos de produção são mais modernos. Nossas fazendas de café eram

– e são – das mais produtivas do mundo, pois a técnica de produzir e processar café avançou junto com a Revolução Industrial. E é o setor-líder da economia do país: a parcela da classe dominante que opera o Setor de Mercado Externo costuma ser o setor hegemônico no poder. Constitui a oligarquia agroexportadora, cujos interesses norteiam a formulação da política econômica.

No Brasil, do Segundo Império até o fim da Primeira República, a oligarquia cafeeira foi a nata da nata, o setor mais importante da oligarquia. O mesmo papel foi desempenhado pelos criadores de gado na Argentina, pelos produtores de cobre no Chile etc. Algumas vezes o Setor de Mercado Externo era diretamente dominado pelo capital imperialista, isto é, pelo capital dos países industrializados. Isso geralmente acontecia quando a produção era mineral, pois esta, além de exigir tecnologia sofisticada, requeria também grandes investimentos, com longa duração e riscos consideráveis. Quase sempre, na economia capitalista, as inversões mineiras costumam ser feitas pelos que vão utilizar o minério, ou seja, pelas companhias compradoras ou associadas aos compradores do minério. O petróleo na Venezuela, o cobre no Peru e no Chile, o estanho na Bolívia, por exemplo, foram, em grande parte, explorados por companhias de capital americano ou inglês.

Quando o Setor de Mercado Externo era constituído por atividades agrícolas ou de criação de gado, em geral ele era dominado por grupos locais, por latifundiários, fazendeiros, estancieiros. Porém, toda a infraestrutura do Setor de Mercado Externo, os meios de transporte, os bancos, as companhias comerciais, que intermediavam essa produção, eram em geral de capital estrangeiro, normalmente dos países que tendiam a absorver esses produtos. Assim, podemos dizer que no Setor de Mercado Externo havia quase sempre a presença – ou diretamente na produção, ou na infraestrutura e na intermediação – do capital imperialista.

A economia como um todo dos países de economia colonial tendia a crescer quando o Setor de Mercado Externo crescia, e tendia, inversamente, a decrescer quando esse setor entrava em crise. Era o setor dinâmico e dominante desses países, mas seu crescimento dependia, na verdade, da demanda externa, isto é, do crescimento dos países industrializados. Por isso as economias coloniais foram também chamadas de economias reflexas ou dependentes, pois sua capacidade de crescer estava dada pelo ritmo de crescimento das indústrias dos países mais avançados que usavam seus produtos.

Muitas vezes acontecia que um produto básico do Setor de Mercado Externo de um país, em consequência da evolução tecnológica, era substituído por outro. Então esse Setor de Mercado Externo entrava em crise e, se o país não conseguisse desenvolver um outro produto para exportar, a economia inteira entrava em crise, e até mesmo em decadência. Um caso notório é o do salitre no Chile. O salitre foi descoberto e usado em larga escala como fertilizante na agricultura europeia. Em função disso montou-se todo um Setor de Mercado Externo no norte do país, explorado por companhias em geral de capital americano. A partir de um certo momento, o salitre começou a ser substituído com vantagem econômica por adubos artificiais, desenvolvidos a partir de combustíveis fósseis. Então o salitre deixou de ser utilizado e toda essa economia salitreira entrou em crise. A economia chilena também entrou em crise, até que, com a descoberta e o desenvolvimento da mineração de cobre, foi montado um novo Setor de Mercado Externo no país.

Outras vezes, não é tanto o produto que entra em crise, mas o capital imperialista resolve desenvolver a sua produção num outro lugar, o que acarreta a decadência da região ou do país em que ela originalmente se localizava. Um exemplo importante e notório a este respeito é o da borracha. A seringueira é uma árvore nativa da Amazônia, explorada extensivamente desde antes da descoberta do Brasil pelos índios. No século passado, os métodos de exploração continuavam os mesmos: procuravam-se as seringueiras dentro da floresta e passava-se a sangrá-las. Da seiva extraída fabricava-se borracha.

Os custos de produção eram altos porque o trabalho de se passar de uma seringueira para outra, a distâncias mais ou menos longas, era muito grande. Por mais miserável que fosse o seringueiro, era preciso mantê-lo vivo e produzindo de modo que sua baixa produtividade impunha altos custos de produção e intermediação. Os mantimentos eram levados ao seringueiro, no meio da mata, por comerciantes chamados "aviadores", que, em troca, traziam as bolas de borracha crua. Os custos do transporte e os lucros dos "aviadores" também eram elevados. Toda a indústria automobilística, cujos produtos rodam sobre pneus, dependia então da borracha amazônica. A partir de 1870 ficou claro que seria muito difícil aumentar rapidamente a produção da chamada borracha nativa, porque a maior parte das seringueiras acessíveis já estava sendo explorada. Então, os ingleses levaram as sementes da seringueira para Londres, trabalharam com ela por muitos anos até desenvolver um tipo de árvore que pudesse ser plantada em clima análogo ao da Amazônia e começaram a cultivar seringais na Malásia e na Indonésia. A partir de 1911, a borracha do Extremo Oriente, de plantações de seringueiras, começou a chegar ao mercado mundial em quantidades cada vez maiores e a um preço bem inferior ao da borracha extrativa da Amazônia. Em pouquíssimos anos, toda aquela economia muito próspera da extração da borracha na Amazônia, que deu a Manaus e a Belém uma certa riqueza e desenvolveu a infraestrutura de transportes e comunicação na região, entrou em crise, por um acontecimento totalmente externo à economia amazônica, à economia brasileira. Em última análise, na economia colonial – e é por isso que ela é colonial realmente –, o setor dinâmico, mais produtivo, mais rico, o setor política e economicamente dominante é o setor que substancia a dependência dessa economia do centro imperialista mundial.

Havia ainda na economia colonial um Setor de Mercado Interno, que era uma espécie de sombra do Setor de Mercado Externo. Era constituído por uma série de atividades que complementavam a exportação. Destas, a mais importante era a importação. Com o dinheiro ganho com a exportação de café pelo Brasil, ou de salitre pelo Chile, era preciso importar uma série de produtos manufaturados. Uma das funções das economias coloniais, além de fornecer matérias-primas aos países industrializados, era servir-lhes de mercado, o qual era constituído, na verdade, por uma pequena minoria, por uma elite que podia consumir produtos importados. Comandado pelos importadores – a chamada "burguesia compradora" –, o Setor de Mercado Interno estava montado sobre o eixo da importação de produtos industrializados, realizando o seu transporte até o interior, até as áreas em que havia economia monetária, a sua comercialização no atacado e varejo, os serviços de assistência técnica e de reparação, o financiamento das transações daí decorrentes etc. Além disso, compunha o Setor de Mercado Interno uma série de serviços urbanos, como telefone, luz, gás, transporte urbano etc., algum artesanato – um conjunto de atividades de produção de mercadorias, geralmente desenvolvidas por companhias capitalistas, porém extremamente restritas, sendo como que uma sombra da atividade principal de exportação. Quando, por exemplo, a demanda por café crescia no mercado mundial, nossos cafezais avançavam para o oeste de São Paulo e depois para o norte do Paraná e as linhas de estrada de ferro também se expandiam, seguindo o curso do café; surgiam novas cidades no roteiro das plantações, nas quais se desenvolviam os serviços urbanos, o comércio e assim por diante. Evidentemente toda essa atividade implicava o crescimento do Setor de Mercado Interno. Quando o café entra em crise, tudo isso entra em crise também. Por isso, o Setor de Mercado Interno, na economia colonial propriamente dita, não é mais do que um reflexo do Setor de Mercado Externo.

Além desses dois setores, havia ainda um vasto Setor de Subsistência. Na realidade, na maior parte dos países de economia colonial, a parcela da população ocupada com a produção para o mercado, em atividades que estariam mais ou menos inseridas no modo de produção capitalista, era uma minoria. De acordo com os dados disponíveis, pode-se estimar que no Brasil, provavelmente, não mais que um terço da população economicamente ativa, no auge da nossa economia colonial – na década de 20 do século xx –, era absorvida por essas atividades. O grosso da população, que não participava dos Setores de Mercado, constituía uma massa muito grande de camponeses, latifundiários, criadores de gado, pescadores etc. que vivia no interior, numa espécie de economia de aldeia, produzindo em grande medida para sua subsistência e comercializando um pequeno excedente de produção, o qual alimentava os setores de produção de mercadorias, seja para a exportação, seja para o mercado interno. O Setor de Subsistência, portanto, representa a parte submersa do iceberg, que menos se enxergava na sociedade brasileira de antes de 30. Como não estava inserido na economia de mercado propriamente dita, o Setor de Subsistência dava essa marca característica de pobreza e atraso à economia colonial. É o contraste entre a prosperidade das cidades, entre a riqueza da oligarquia cafeeira e da burguesia compradora por um lado, e a imensa miséria, espalhada por todo o território, com níveis de produtividade e de consumo extremamente baixos, por outro. A economia colonial resulta da articulação destes três setores: de Mercado Externo, de Mercado Interno e de Subsistência.

3. O processo de desenvolvimento

Nestas condições, como é que se dá o desenvolvimento? É claro que a economia colonial, por si só, pela sua própria dinâmica, apenas se reproduz. Ela não tem nenhum impulso interno que leve à sua alteração. Pelo contrário, enquanto ela está dominada pela oligarquia do Setor de Mercado Externo, frequentemente aliada com as camadas do Setor de Mercado Interno, essa economia pode sofrer altos e baixos, mas ela não se altera estruturalmente, nem consegue passar a uma fase de industrialização. Para que isso se dê, é preciso um impulso externo – como é típico numa economia dependente – ou interno – e, nesse caso, revolucionário, um impulso que derrube a estrutura de dominação preexistente, colocando um outro grupo social no poder, o qual vai usar o poder de Estado para desencadear um processo de mudança estrutural. No caso do Brasil e de muitos países da América Latina, que começaram a se industrializar sistematicamente por volta de 1930, o fator de mudança foi externo, foi a crise. Como já foi mencionado, na época da grande depressão, o nível de comércio mundial caiu enormemente, o Setor de Mercado Externo de todas as economias coloniais entrou numa fortíssima crise, o que enfraqueceu as oligarquias agroexportadoras ou mineroexportadoras. Isso levou a mudanças políticas – no Brasil, à Revolução de 30 – e, por outro lado, permitiu que começasse a surgir, no Setor de Mercado Interno, um desenvolvimento autônomo, uma industrialização por substituição de importações.

O desenvolvimento se faz, por definição, aproveitando o mercado dos produtos industriais estrangeiros. Para começar a industrializar um país é impossível começar por outro lugar que não seja a substituição dos produtos que eram importados. Esse processo não é puramente de mercado. Seria ilusório imaginar que só porque há necessidade de tecidos, de materiais de construção, de automóveis etc. esta demanda suscita "espontaneamente" a produção desses artigos. Para que a substituição de produtos antes importados por produção nacional possa ocorrer, é preciso proteger as novas indústrias contra a competição estrangeira – assunto visto no capítulo 4 –, e lhes assegurar suporte financeiro, o governo é obrigado a construir redes de energia elétrica e de transporte, cuidar da formação profissional etc., etc. É indispensável que o Estado se empenhe para que essa industrialização possa prosseguir. E esse empenho é crescente. Não é muito grande no começo do processo, na medida em que se exploram mercados já formados – o industrial é inicialmente muitas vezes o antigo importador, que já tem contato com os clientes, que já tem oficinas de reparo dos produtos que antes importava.

Um exemplo típico desse processo é o caso da indústria de elevadores Atlas; era um grupo brasileiro que tinha um acordo com a companhia americana Westinghouse. A Atlas importava o elevador da Westinghouse, mas tinha de montá-la no prédio aqui no Brasil. Para a montagem dos elevadores e sua conservação, a Atlas empregava engenheiros e operários especializados. Quando, durante a Segunda Guerra Mundial, verificou-se ser impossível continuar importando elevadores, devido ao esforço de guerra nos EUA, o grupo brasileiro começou a produzir os seus próprios elevadores. Nessa fase, não havia muita necessidade de apoio público; bastava atender as construções, pois a empresa já tinha a sua freguesia e usufruía certo domínio do mercado. Não havia maior dificuldade de, em vez de instalar um elevador americano, colocar um feito no Brasil, de acordo com plantas americanas, tendo eventualmente algumas peças importadas. O mesmo foi feito em outras áreas.

A substituição de importações começa a dar problema quando as escalas de produção exigem um mercado nacional. Então é preciso criar uma rede de transporte que permita a uma fábrica como a Atlas fornecer elevadores para o Brasil inteiro. É preciso também ter um sistema de correio nacional, de telecomunicações, de energia elétrica etc. Tudo isso exige investimentos cada vez mais amplos, que necessariamente o Estado terá de fazer, como suporte ao desenvolvimento. Então há uma estatização cada vez maior desse processo.

4. Os obstáculos ao desenvolvimento

Convém referir, antes de entrar propriamente nas teorias do desenvolvimento, ao fato de que esse tipo de industrialização baseado no mercado interno, em que o Setor de Mercado Interno se desvincula do Setor de Mercado Externo e começa a crescer por conta própria, tomando o lugar das importações, não é simples e tende a esbarrar em dois limites. O primeiro deles é o próprio tamanho do mercado interno. Existem escalas mínimas de produção industrial que variam conforme o produto. Estas escalas mínimas são mais facilmente alcançadas em países de grande extensão e de grande população. Países como a Índia e o Brasil têm vastos mercados internos, os quais, em última análise, são proporcionais ao tamanho das populações. Na medida em que há industrialização, as cidades vão crescendo, a própria indústria vai incorporando mais mão de obra, o setor terciário também se expande – e isso vai ampliando o mercado para a nova indústria, com uma parcela crescente da população que vai sendo transferida do Setor de Subsistência para o de Mercado Interno. Mas isso tem um limite, e esse limite é dado pelo tamanho da população, que tem, em geral, alguma correspondência com o tamanho territorial do país. A industrialização por substituição de importações, portanto, esbarra em países pequenos – Chile, Uruguai etc. –na estreiteza do mercado interno, que não é suficiente para uma produção em escala industrial. Então, a indústria desses países ou não consegue substituir muitas importações ou as substitui com preços muito altos, porque apenas uma fração da capacidade das fábricas pode ser utilizada.

Uma outra limitação ao processo de industrialização por substituição de importações está no Setor de Mercado Externo. Durante muito tempo se alimentou a ilusão de que a substituição de importações tornaria o país menos dependente, pois precisaria importar cada vez menos, já que estava agora produzindo o que importava antes. E, consequentemente, também não precisaria exportar tanto. Mas isso não ocorreu. O processo de industrialização por substituição de importações requer, na verdade, um volume e um valor de importações quase tão grandes como os de um país que não se industrializou. Apenas o tipo de importações é outro. Em vez de importar automóveis, passa-se a importar máquinas para fazer os automóveis e a assistência técnica para as instalar e operar, além do alumínio, cobre, material plástico e – no caso do Brasil – combustível. Embora esses elementos sejam menos valiosos que o automóvel pronto, como o volume total de automóveis produzidos no país cresce (pois para *isso* é que se fomenta a industrialização), o valor total de importações para a indústria automotriz não é menor do que na época em que se importavam os automóveis. Consequentemente, os países que começaram a se industrializar precisaram, com o tempo, de uma quantidade crescente de divisas estrangeiras para importar matérias-primas, equipamentos, assistência técnica etc. E, em geral, como o impulso inicial do processo de industrialização se originava na crise do Setor de Mercado Externo, este não conseguia expandir suas exportações, gerando o chamado "estrangulamento externo". Os países em industrialização passaram a se endividar porque não conseguiam o volume necessário de divisas para poder importar tudo o que era necessário para que o processo de industrialização pudesse prosseguir. Na década de 60, o chamado "estrangulamento externo" estava sufocando a industrialização no Brasil e na maior parte dos países da América Latina, que era exatamente onde o processo de substituição de importações estava mais avançado.

Isso constitui, em linhas gerais, um sumário histórico de como esteve – e está – se dando o desenvolvimento de países que foram economias coloniais. Vamos agora nos referir rapidamente às teorias que tentam explicar por que determinados países não se industrializaram e prever se eles podem vir a se industrializar mais tarde, superando o atraso histórico.

As teorias do desenvolvimento são de dois tipos: as teorias de fundo marginalista e as de fundo marxista. Dizemos "de fundo" porque a teoria de desenvolvimento é uma parte nova da teoria econômica, pois foi e está sendo formulada a partir de uma experiência recente dos países que têm ou tinham economia colonial. Consequentemente as teorias do desenvolvimento se inspiram, às vezes explicitamente, às vezes não, nas teorias econômicas mais gerais. Embora nem sempre aparente, não há dúvida de que a maior parte das teorias de desenvolvimento são desdobramentos ou da teoria marginalista ou da teoria marxista.

5. Teorias de fundo marginalista

As teorias de fundo marginalista atribuem a ausência de desenvolvimento basicamente à falta de capital. Países pobres e atrasados são países desprovidos de capital. A prosperidade, o nível de produtividade e portanto de consumo de cada país, dependem do capital que ele tenha, capital esse que é originado na poupança. O país que não tem poupança não tem capital; não tendo capital, ele é pobre, a sua renda é baixa, e por isso não pode poupar, pois as famílias não podem deixar de consumir tudo que ganham. Esse é o diagnóstico central das teorias marginalistas do subdesenvolvimento. Os países subdesenvolvidos, por algum motivo, são pobres e não conseguem gerar dentro deles uma poupança que lhes dê possibilidades de ter alto nível de inversão, para construir fábricas e modernizar a agricultura, e por isso continuam pobres. Moral da história: é preciso ajudar esses países e quem pode ajudar são os países ricos. Daí os programas de assistência aos países em desenvolvimento, e é preciso, é claro, valorizar ao máximo essa ajuda. A conclusão básica desse tipo de teoria é que, sem a ajuda do capital estrangeiro, é impossível sair do abismo do subdesenvolvimento. Os países subdesenvolvidos acham-se mergulhados num "círculo vicioso da pobreza", mas com a vinda do capital estrangeiro podem começar a sair dele. Graças às inversões externas criam-se, com o tempo, setores de produção mais modernos e mais produtivos, que geram renda mais elevada, parte da qual pode ser poupada e então começa um processo interno de acumulação que tornará pouco a pouco o país menos dependente do capital estrangeiro. O capital estrangeiro é visto, pelo menos numa etapa inicial, como fator decisivo para dar partida e sustentar o processo de desenvolvimento.

O segundo fator condicionador do subdesenvolvimento, que alguns autores adicionam à falta de capital, é a chamada "falta de espírito empresarial". Este não é um fator puramente econômico, sendo formulado a partir de considerações antropológicas ou psicológicas. De alguma maneira, não se teria desenvolvido – e isso vale mais para países da África e Ásia – o desejo do ganho. As pessoas não se empenham profundamente em melhorar de vida, em ficar ricas, em competir. Elas têm outros valores éticos ou religiosos que as tornam fatalistas, conformadas com a pobreza. À medida que o elemento dinâmico do processo de desenvolvimento é o empresário, o indivíduo inovador que reúne o capital de uns com o trabalho de outros, a prevalência destes valores constitui um obstáculo ao progresso. Nestas condições, para fomentar o surgimento do "espírito empresarial", seria importante o exemplo dos empresários estrangeiros, além da criação de escolas de administração etc., de modo a gerar um ambiente cultural favorável aos valores aquisitivos e de competição.

Outro elemento muito citado nos manuais neoclássicos é o "problema da população". Nos países subdesenvolvidos, a população cresce muito depressa, o que sufoca os esforços de desenvolvimento. Isso se dá porque a mortalidade nesses países baixou independentemente do desenvolvimento, em função de determinadas conquistas da ciência moderna que eliminaram *causal mortis* extremamente graves como a tuberculose, a malária etc. A aplicação de vacinas ou antibióticos tem efeitos fulminantes sobre a mortalidade, sem que haja melhora no padrão de vida. Na Argélia, registrou-se, por exemplo, em quinze anos, uma queda da mortalidade que na Suécia havia levado cento e cinquenta anos para ocorrer. Mas a fecundidade nos países subdesenvolvidos não diminuiu proporcionalmente. As famílias continuam tendo tantos filhos quanto antes, quando a maior parte deles morria na primeira infância. Essas famílias não teriam percebido que, para terem um certo número de descendentes adultos, elas não precisam mais gerar tantos filhos como antes. Devido à manutenção de alta fecundidade, a população se torna extremamente jovem – mais ou menos a metade com menos de 14 anos –, o que faz com que o pequeno número de adultos que trabalham tenha que sustentar a maior parte da população que é só consumidora, o que lhe tira qualquer possibilidade de poupança. Um autor americano, Harvey Leibenstein, chegou a desenvolver o conceito da "armadilha da população": tão logo melhora um pouco o padrão de vida da população, cai a mortalidade e vem essa maré de crianças, que devoram tudo. Para evitar a armadilha da população, ter-se-ia que fazer campanhas de controle da natalidade, tentar convencer ou, se necessário, coagir as famílias a ter menor número de filhos.

O "problema populacional" tende a sugerir que a responsabilidade pelo subdesenvolvimento ou pela ausência de desenvolvimento é, em última análise, da população, sobretudo de sua parte mais pobre e menos instruída, que se mostra incapaz de ajustar sua fecundidade aos níveis mais baixos de mortalidade. Na realidade, a população de alta fecundidade é tão pobre que em nenhuma hipótese poderia poupar, mesmo se limitasse a prole. Em países não desenvolvidos a renda é altamente concentrada, de modo que só as famílias mais ricas (que, em geral, têm poucos filhos) têm possibilidades de fazer poupança. Além disso, em economias capitalistas, os investimentos são financiados sobretudo com lucros retidos pelas empresas e por recursos do Estado. O papel da poupança familiar é relativamente menos importante. Nenhum país de rápido crescimento populacional deixou de se desenvolver por causa disso. Pelo contrário, países em que a população tem crescido intensamente, como o Brasil ou o México, conseguiram desenvolver suas economias de forma melhor que outros países, em que o crescimento demográfico foi menor.

Um outro argumento frequentemente apresentado por teóricos marginalistas para explicar o pouco desenvolvimento dos países que formam o Terceiro Mundo é a "irracionalidade" da política econômica posta em prática pelos seus governos. O que estes teóricos condenam é toda política de industrialização, realizada mediante a proteção à indústria nacional e a subvenção pelo Estado das inversões destinadas a substituir importações. A base da crítica à política de industrialização é a Teoria das Vantagens Comparativas, que foi examinada no capítulo 4. Como vimos, de acordo com esta teoria, os países periféricos deveriam continuar se especializando na produção primária, sem pretender se industrializar. Os teóricos marginalistas se recusam a ver que esta especialização foi – e, em muitos países, continua sendo – a principal razão do não desenvolvimento. Como eles atribuem a ausência do desenvolvimento à falta de poupança, ocasionada pela própria pobreza, pela inexistência de valores aquisitivos e pelo excessivo crescimento populacional, estes autores acusam os esforços industrializadores de "irracionais" pois representariam desperdício de capital, que seria aplicado mais eficientemente na produção agrícola ou mineral. O custo mais elevado dos produtos industriais, fabricados no país, em comparação com os importados, "prova" para eles que toda industrialização promovida pelo Estado não passa de um erro econômico, que leva ao uso ineficaz do fator mais escasso, em países não desenvolvidos, que é o capital.

Certos países, como o Chile do general Pinochet, estão há vários anos aplicando políticas de "liberalização" econômica, de inspiração marginalista. Como resultado, a indústria nacional voltada para o mercado interno foi inteiramente desmantelada, desenvolvendo-se apenas os ramos (como mineração, agricultura e agroindústria) que produzem para o mercado mundial. Sendo o Chile um país relativamente pequeno, este desenvolvimento "para fora" pode compensar, embora não completamente, a ruína das atividades do Setor de Mercado Interno. Mesmo assim, o resultado geral deste tipo de política econômica foi o aumento do desemprego e a concentração da renda. Num país maior, como a Argentina, a aplicação da mesma política resultou num verdadeiro desastre, com o empobrecimento generalizado da população trabalhadora.

Em suma, as teorias do desenvolvimento de cunho marginalista desconhecem as causas estruturais que fizeram com que alguns países se industrializassem e outros não. Este fato é atribuído a diferenças de comportamento entre os indivíduos que compõem a população de um e de outro tipo de país, sendo a situação dos países não desenvolvidos explicada pela pobreza, pela ausência de motivação psicológica, pela manutenção de alta fecundidade e pela tentativa do Estado de promover a industrialização de países cuja "vocação", em termos de vantagens comparativas, seria a de permanecerem exportadores de produtos primários.

6. Teorias de fundo marxista

As teorias de fundo marxista, pelo contrário, tendem a atribuir o subdesenvolvimento aos países ricos. Nossos países são pobres porque há uma transferência de riquezas dos países menos aos mais desenvolvidos, que se dá de várias formas, desde a época em que foram constituídas as economias coloniais. Não seria verdade, então, que nestas economias não há poupança e é fácil ver que sempre houve. No Brasil, entre 1870 e 1930, por exemplo, havia enorme concentração de renda nas mãos de uma pequena oligarquia, principalmente a cafeeira, que poderia transformar essa riqueza em capital investindo parte dela, o que, aliás, aconteceu. Nossa rede ferroviária foi, em grande parte, criada com esses capitais, e isso foi na época um investimento significativo. Não se pode dizer que o Brasil não tinha poupança. O que ocorria é que, simplesmente, essa poupança não podia ser aplicada em substituição de importações, porque a aliança das oligarquias do Setor de Mercado Externo e do Setor de Mercado Interno com o imperialismo, com as classes dominantes dos países industrializados, se opunha a políticas que tornassem este tipo de industrialização viável. Não havia a vontade política de desenvolver o país.

No período anterior a 1930, no Brasil, houve um debate bastante intenso, durante décadas, sobre o problema da industrialização. O que os proponentes da industrialização desejavam era a chamada "reserva de mercado", a proteção aduaneira para as novas indústrias. Mas os principais porta-vozes das classes dominantes achavam que a indústria era artificial no Brasil – país de inegável vocação agrícola, cuja grande extensão territorial, com solo fecundo, o destinava a ser o celeiro do mundo. Portanto, não tinha nenhum sentido desviar recursos para uma atividade como a indústria, para a qual não possuíamos vantagens. Não só os cafeicultores eram contra a industrialização (embora estes, sempre que o preço do café caía, tendessem a investir parte de seus lucros em alguma indústria), mas, basicamente, os consumidores urbanos. A classe média urbana, que era muito pequena, constituída por moradores do Rio de Janeiro e São Paulo e das outras capitais dos Estados, tinha forte preferência por mercadorias importadas e não desejava, de forma nenhuma, ser obrigada a consumir o produto brasileiro. Isso, aliás, é uma velha herança colonial, que persiste entre nós até hoje. Ainda se nota uma tendência generalizada a considerar que tudo o que é estrangeiro é melhor. Desde o *whisky* – obviamente – até roupa, filmes, cigarros etc. Na época, isso era ainda mais forte, em parte porque, de fato, os produtos da incipiente indústria brasileira eram geralmente caros e ruins.

Nestas condições, a industrialização que havia era precária e limitada aos artigos de consumo popular. O desenvolvimento dependia de um ruptura com a divisão internacional do trabalho, o que pressupunha, no plano interno, uma mudança básica, de caráter revolucionário. As formas que esta transformação pode assumir são as mais diversas. No caso do Brasil, por exemplo, foi a crise mundial de 1929-1939 que levou a mudanças políticas que permitiram a novos setores – burgueses, evidentemente – subir ao poder. A chamada "revolução burguesa" aconteceu no México, de 1910 a 1917, envolvendo burgueses, operários, camponeses, e dela resultou a queda da velha oligarquia ligada ao Setor de Mercado Externo, e a ascensão de um nova burguesia industrial. No Brasil, essa revolução ocorreu em 1930, na Turquia, em 1919, e assim por diante. Em países que, no fim da Segunda Guerra Mundial, ainda eram colônias, a revolução burguesa teve caráter de revolução anticolonial – a luta pela independência em relação à metrópole criava as pré-condições para o desenvolvimento industrial. Isso aconteceu na Índia, nas Filipinas e em outros países asiáticos e africanos.

Sem esse tipo de transformação, em que segmentos diferentes do mesmo grupo dominante assumem o poder e o usam para promover a industrialização, não há desenvolvimento, pois ele implica uma ruptura, pelo menos parcial, com a divisão internacional do trabalho gerada pela Revolução Industrial. Essa ruptura não pode ser total. O país, qualquer que seja o tipo de revolução por que tenha passado, continuará importando para poder se industrializar. Portanto, ele vai precisar continuar a exportar. Tendo herdado do regime anterior um Setor de Mercado Externo, o país vai usá-lo para ganhar as divisas com que adquirir no exterior os elementos necessários à sua industrialização. É uma ruptura, porém, no sentido de que a economia deixa de ser reflexa, deixa de ser dependente da demanda externa e passa a ter uma dinâmica própria, dada pela substituição de importações. Isso significa que são as inversões do Setor de Mercado Interno que passam a ter prioridade, sendo a exportação um elemento subordinado de apoio à industrialização.

É interessante observar que a nossa revolução burguesa foi das menos completas, se comparada à mexicana ou à egípcia. Não houve, no Brasil, uma reforma agrária e a antiga oligarquia latifundiária não foi jamais expropriada. O processo de desenvolvimento teve que levar em consideração os interesses dessa classe, teve que conciliar com esses setores, ainda que fora do poder, e por isso os obstáculos que foram se criando, as crises do desenvolvimento, têm sua origem menos clara. Na URSS e na China, em que esses interesses foram radicalmente varridos de cena, as dificuldades aparecem e são localizadas com maior nitidez. E elas aparecem exatamente no setor agrário, no antigo – e ainda hoje existente – Setor de Subsistência. Em todas essas economias – a cubana, a chilena, a russa e, por extensão, a brasileira, a colombiana etc. – o ponto fraco não é tanto o setor de exportação, mas o setor que alimenta as cidades.

Para entender isso é preciso aprofundar a análise do desenvolvimento. O processo de desenvolvimento industrial, no fundo, é um processo de acumulação de capital. Acumular capital significa criar maior capacidade produtiva, criar maiores possibilidades de produzir sob a forma de novas fábricas, fazendas, meios de transporte etc. Significa, em última análise, alocar uma parcela crescente dos trabalhadores na elaboração de meios de produção. Essa é a essência da acumulação de capital. Para crescer – e crescer depressa – é necessário criar novos setores da economia, o que significa utilizar uma parte do trabalho social de que o país dispõe para alguma coisa que vai criar possibilidades de produção *futura*, mas que não cria bens ou serviços para o consumo presente. O trabalho que cria capacidade de produção futura é estéril do ponto de vista do consumo imediato. Assim, por exemplo, em Itaipu, há umas 20 mil pessoas construindo, durante anos, uma grande represa e uma enorme central hidrelétrica, que, no futuro, vai fornecer energia ao parque industrial de uma grande parte do Brasil. Mas, durante esses anos, essas pessoas têm de comer, morar, vestir-se, educar seus filhos, ter assistência médica etc. e não produzem nada que possa ser imediatamente consumido. Isso se reproduz em todos os setores que estão em crescimento. Então é preciso que os setores que sustentam essas pessoas – e o básico é o que produz a comida – aumentem seus excedentes.

Esse é o ponto vital do processo. É preciso que a agricultura sobretudo seja capaz de externalizar uma parcela crescente da sua produção ao mesmo tempo que o número de seus próprios trabalhadores diminui. Não é só poder alimentar cada vez mais pessoas que não estão produzindo nada que possa ser consumido imediatamente. É que muitas delas vêm da agricultura. O peão que está construindo Itaipu estava antes, provavelmente, produzindo alimentos para consumo próprio e também um excedente comercial, que alimentava pessoas na cidade. Agora, ele está construindo uma usina e precisa ser alimentado por alguém que ficou na agricultura. Em última análise, é preciso criar um sistema capaz de, muito rapidamente, aumentar a produtividade na agricultura e dirigir os frutos desse aumento de produtividade para fora dela.

Como esses países todos que se subdesenvolveram anteriormente, que herdaram uma vasta economia colonial, têm a maioria de sua população no campo – no Setor de Subsistência –, esse é um problema não apenas econômico, mas social e político. É preciso, de alguma maneira, induzir os camponeses a produzir mais, sem ter uma recompensa imediata. O processo russo, por exemplo, foi coletivizar a agricultura, foi colocar o conjunto da produção agrícola sob o controle direto do Estado. O processo brasileiro está em subsidiar grandes empresas que expropriam posseiros e pequenos camponeses, transformando-os em assalariados – e portanto reduzem a participação deles próprios na produção e aumentam a produtividade utilizando métodos mais modernos, e os seus lucros são transformados em excedente alimentar, que é vendido nas cidades. No fundo, as várias políticas aplicadas à agricultura – o caminho chinês, o caminho cubano, o caminho brasileiro etc. – são formas diferentes – ora coroadas de êxito, ora fracassadas – de tentar acelerar o processo de acumulação de capital através do crescimento do chamado "excedente alimentar".

É preciso acrescentar ainda o fato de que é, em geral, necessário exportar uma parte dos alimentos. A pressão sobre a agricultura se agrava porque a maior parte desses países como China, URSS, Brasil – não só precisa dos alimentos para os seus próprios trabalhadores, que estão criando meios de produção, mas também para alimentar os trabalhadores do exterior, de cujos países importam matérias-primas, máquinas, equipamentos e processos tecnológicos. Isso torna a pressão sobre o campesinato particularmente forte. Se o governo fracassa, seja em aumentar a produtividade do trabalho agrícola, seja em expropriar o excedente assim produzido, o crescimento da industrialização começa a se paralisar devido à impossibilidade de abastecer as cidades e/ou de importar produtos essenciais ao desenvolvimento.

Destes diagnósticos das teorias do desenvolvimento, de fundo marxista, se deduzem dois tipos de recomendações: 1º) é preciso promover a substituição de importações mediante uma ação sistemática do Estado de proteção e apoio à indústria nacional, subordinando o Setor de Mercado Externo aos requerimentos desta estratégia; e 2º) deve-se reorganizar a agricultura – possivelmente mediante uma reforma agrária – de modo a modernizar seu processo de produção, para permitir que uma parcela cada vez menor da população, que fica no campo, possa sustentar um processo de acumulação que necessita de um excedente alimentar cada vez maior.

Estas recomendações naturalmente contrastam com as derivadas das análises de fundo marginalista, que enfatizam as mudanças no comportamento individual – criar "espírito empresarial", controlar a natalidade etc. – e a importância do capital estrangeiro, encarando a intervenção do Estado no processo de modo negativo. Para as análises de inspiração marxista, o desenvolvimento não pode ser induzido por mudanças no plano individual, as quais só ocorrem como consequência de transformações institucionais nas relações *entre* os países centrais e periféricos e *dentro* destes últimos, nas relações entre o Estado e sociedade e entre as classes sociais.

7. Teoria da dependência

Convém ainda tratar de uma teoria que, embora não seja de desenvolvimento, está muito ligada a essa problemática: a chamada Teoria da Dependência. Essa teoria é de origem latino-americana, de inspiração marxista e tenta analisar as relações entre os países capitalistas industrializados e as sociedades de Economia Colonial ou em transformação. A Teoria da Dependência procura superar teorizações anteriores, que tendiam a reduzir o imperialismo a uma simples relação de exploração – uma burguesia inglesa interessada no café do Brasil, no estanho da Bolívia ou no salitre do Chile, que montava suas empresas nesses países, extraindo o máximo de lucro e vendendo seus produtos industriais em seus mercados internos.

Na verdade, a forma da dependência vai mudando, sem que ela deixe de existir. A grande contribuição da teoria da dependência é mostrar que, com toda a industrialização ocorrida em alguns países periféricos, a dependência mudou de forma, mas não de sentido. O Brasil, por exemplo, continua hoje sendo um país dependente. Claro que a nossa dependência hoje é muito diferente da que era em 1930. Antes nós dependíamos da demanda externa por café, algodão, açúcar ou borracha. Atualmente, exportamos uma grande variedade de produtos, muitos industrializados, e o que importamos não é mais para o consumo final, mas insumos para a produção industrial. Isso poderia dar a impressão de que nossa dependência do exterior diminuiu, já que exportamos e importamos produtos do mesmo tipo. É claro que a posição do Brasil na divisão internacional do trabalho hoje é outra. Mas, como vimos, continuamos dependendo da tecnologia desenvolvida nos países centrais, a qual importamos sob a forma de equipamentos e componentes. Além disso, a burguesia dos países industrializados, em resposta à substituição de importações, começou a participar com o seu capital, formando empresas multinacionais, do nosso processo de industrialização. Tendo sido excluída do mercado nacional pelas barreiras alfandegárias, ela entra nele constituindo subsidiárias aqui e passa a determinar o curso do processo de industrialização. A dependência ressurge pois sob diferentes formas – dependência tecnológica, financeira e, em certa medida, política. Formam-se alianças entre as multinacionais e setores da própria burguesia industrial brasileira.

A Teoria da Dependência, na verdade, chama a atenção para o fato de que as relações entre os países que se industrializam tardiamente e os que já estão industrializados continuam sendo hierárquicas de dominação, porém se tornam mais complexas. Não é portanto verdade que nada mudou, que continuamos tão subordinados ao imperialismo como antes, embora o teor e o alcance das mudanças deem lugar a divergências e debates entre os próprios autores que trabalham na linha da Teoria da Dependência. Mas parece muito claro que o desenvolvimento propriamente dito das forças produtivas, isto é, a industrialização, não é incompatível com a dependência, mesmo quando se rompe com a do tipo antigo. Cabe ao país interessado, cabe ao povo interessado desencadear esse processo.

É claro que essa ruptura pode ser mais completa e mais profunda, na medida em que a revolução que detona o processo de desenvolvimento é uma revolução proletário-camponesa e não uma revolução burguesa. Neste caso, o processo passa a ser de desenvolvimento centralmente planejado, mas mesmo nesses termos a relação de dependência não termina, porém, assume novas formas. É duvidoso que se possa dizer que Cuba ou a China, por exemplo, não sejam dependentes. As relações que eles mantêm com os países industrializados, sejam capitalistas, como os EUA, ou centralmente planejados, como a URSS, não são da mesma natureza que estes últimos mantêm entre si. Cuba e China são países tecnologicamente atrasados, que dependem de ajuda externa, sob a forma de empréstimos, de créditos e de assistência técnica. Os países que se encontram na chamada "vanguarda tecnológica" continuam lhes fornecendo o padrão de seu desenvolvimento. A China, portanto, está se desenvolvendo no padrão americano, europeu ou japonês. Ela não está inventando suas próprias formas industriais, mas copiando o que já existe. E Cuba, da mesma maneira, está copiando o modelo da Europa Oriental. De modo que, mesmo quando o processo de desenvolvimento é centralmente planejado, há que estudar as, relações de dependência que assim se criam.

Esta é a contribuição mais positiva e mais interessante, do ponto de vista científico e político, da Teoria da Dependência. Ela substitui uma teoria vulgar do imperialismo, do tipo "tudo ou nada", segundo a qual ou o país é dominado pelo imperialismo ou não é mais. Era a ideia de que o desenvolvimento requeria a ruptura total com os países centrais. Isso se mostrou impossível no mundo de hoje. O que se verifica são rupturas com certas formas de dependência e o engajamento em outras formas.

8. Pergunta e resposta

P – *Pode-se dizer que o desenvolvimento, nos países industrializados, com o consequente esgotamento prematuro de recursos não renováveis, levou a um excesso de consumo, à poluição do meio ambiente e à degradação da qualidade de vida?*

Singer – Esta tese está bastante em voga em países altamente desenvolvidos, como a Suécia ou os Estados Unidos. Ela tem por base a constatação de que, acima de certo limite, o aumento do consumo não traz consigo um aumento de satisfação das pessoas que o usufruem. É possível verificar até que muitos tentam compensar (ou esquecer) sua infelicidade "existencial" exagerando no consumo de alimentos, bebidas ou bugigangas. Daí propostas de deter o desenvolvimento, mantendo a economia em "crescimento zero" e em seu lugar cultivar outros valores, como a volta à natureza, a vida em pequenas comunidades etc. Estas são propostas que somente têm sentido para países ricos, nos quais a maioria dos habitantes já tem suas necessidades materiais básicas amplamente satisfeitas. Elas não têm sentido para países pobres, não desenvolvidos, nos quais a maior parte da população ainda carece de bens e serviços de consumo essenciais.

Convém acrescentar que em países não completamente desenvolvidos, como o Brasil, os problemas do "consumismo" já se fazem sentir nas camadas economicamente privilegiadas, que compõem a chamada "classe média". Por isso, fazem sentido propostas de impedir o crescimento do consumo *destas* camadas, de modo a se poder elevar o padrão de vida do restante da população. Nestes países, a crítica ao consumismo leva por isso à bandeira do desenvolvimento com redistribuição da renda.

CAPÍTULO 6
O SOCIALISMO

1. Conceitos de socialismo

Não há dúvida de que o socialismo é a grande utopia do século XX. Mais do que qualquer outra alternativa aos sistemas sociais e econômicos existentes, a ideia do socialismo como um arranjo social superior seduz quase todas as forças e correntes que de alguma forma se opõem ao capitalismo e aos sistemas pré-capitalistas que ainda persistem em vários países. Por isso, cabe, dentro de uma visão panorâmica dos fundamentos da economia política, discutir o que é o socialismo, o que se entende por socialismo, quais são as propostas que se fazem sob a bandeira do socialismo e em que medida o socialismo é, ou se propõe a ser, de fato, uma alternativa superior à economia capitalista.

Para tanto, temos de retomar aquilo que seria essencial ao conceito de socialismo, desde os seus pioneiros, os seus autores clássicos, principalmente Marx e Engels – que são, hoje, universalmente reconhecidos como tais. Tanto para Marx e Engels, como para outros porta-vozes de escolas de pensamento revolucionário, o socialismo é uma sociedade superior ao capitalismo, que supera as contradições que lhe são inerentes e o sucede no tempo, após este modo de produção haver esgotado a sua missão histórica. Esta missão seria a de desenvolver as forças produtivas, levar a cabo a revolução industrial e homogeneizar as condições econômicas e sociais de todos os países – pois o capitalismo é um modo de produção essencialmente dinâmico, que se estende, quase que inexoravelmente, aos quatro cantos do mundo.

A promessa socialista é instaurar uma sociedade superior ao capitalismo, basicamente em *três* aspectos: *primeiro*, a economia não estaria mais sujeita a crises, a desemprego, a desperdício de recursos, porque ela seria planejada, havendo um controle consciente por parte da coletividade sobre o processo social de produção e distribuição, e, portanto, o indivíduo não seria mais dominado pelas forças imprevisíveis do mercado; *segundo*, a instauração da igualdade: a sociedade capitalista seria a última sociedade de classes, cuja evolução simplificaria a estrutura social ao máximo, transformando a maioria da população num proletariado mais ou menos homogêneo, que se defronta com uma camada privilegiada de capitalistas, muito poderosa e muito rica, mas muito pequena, de modo que bastaria a expropriação desses poucos capitalistas para se alcançar uma sociedade sem classes. Como o fator que divide a sociedade em classes é a propriedade privada dos meios de produção, a sua abolição tornaria todos os coproprietários das fábricas, fazendas, ferrovias, lojas etc., e portanto o fundamento da desigualdade social estaria eliminado; *terceiro*, o socialismo proporcionaria a todos os membros da sociedade um grau muito superior de bem-estar material e de liberdade. O socialismo, como herdeiro do capitalismo, usufruiria o desenvolvimento das forças produtivas obtido anteriormente e, graças ao planejamento econômico, o elevaria ainda mais, proporcionando um grau de bem-estar superior ao atingido pelo capitalismo e naturalmente muito melhor repartido. Ao mesmo tempo, eliminaria as restrições à liberdade pessoal, permitindo que as pessoas se autorrealizassem no trabalho e na vida afetiva. Acabariam as discriminações raciais, sexuais, religiosas e de outra natureza e as limitações políticas à liberdade individual e coletiva, de modo que, de acordo com o famoso mote de Marx, o desenvolvimento de cada indivíduo seria a pré-condição do desenvolvimento de todos.

Esses são os aspectos fundamentais e permanentes da ideia do socialismo. Uma sociedade, para se caracterizar como socialista, teria, em última análise, de corresponder a essas promessas. Sobre isso não havia grandes controvérsias até que, a partir de 1917, revoluções proletárias camponesas com intenções socialistas começaram a se tornar vitoriosas. A primeira foi na URSS, mais tarde outras ocorreram em vários países da Europa oriental, na China, em Cuba e mais recentemente em vários países da Indochina. Começa a surgir então uma série de regimes que se designam por socialistas e que são tidos como socialistas tanto por muitos que são a favor como por outros que são contra o socialismo. Desde então, começa-se a encarar o socialismo não mais em função dos seus fundamentos doutrinários, mas a partir de uma realidade histórica específica, a partir de sua prática em diferentes países.

2. O "socialismo realmente existente"

Examinando a evolução ocorrida nesses países, que convém chamar de "economias centralmente planejadas", verifica-se que em todos (com a possível exceção da Tchecoslováquia e da Alemanha Oriental) o capitalismo mal tinha começado a sua tarefa histórica de desenvolver as forças produtivas quando foi abolido. Eram países pouco ou nada industrializados quando a revolução se tornou neles vitoriosa. Havia, é claro, diferenças entre eles. Mas todos, da Rússia tzarista à China, passando pela Iugoslávia, pela Albânia, por Cuba e assim por diante, eram economias agrárias, constituídas majoritariamente por camponeses e consequentemente a tarefa primordial dos regimes revolucionários era realizar aquilo que se supunha antes – conforme Marx e os demais teóricos – ser a tarefa histórica do capitalismo, isto é, a industrialização. Esses países percorreram, portanto, um caminho da industrialização centralmente planejada, ou seja, não capitalista. O Estado, controlando quase todas as decisões econômicas, tratou de acelerar ao máximo o desenvolvimento industrial.

Não está claro ainda se a industrialização centralmente planejada é superior à capitalista. Não há dúvida nenhuma de que os países que enveredaram por esta via se desenvolveram e se industrializaram, mas o mesmo ocorreu em um grande número de países em que não houve revoluções proletário-camponesas vitoriosas e que portanto continuam capitalistas. Há 20 anos, muitos aceitavam a tese de que só através de uma revolução que socializasse ou estatizasse os meios de produção é que os países que não fizeram a revolução industrial original poderiam sair do atraso e do subdesenvolvimento. Esta tese se baseava no contraste entre a rápida industrialização da União Soviética, a partir dos anos 30, e a aparente estagnação dos países com economias coloniais da América Latina, Ásia e África assim como do sul da Europa. Isso hoje não tem sentido. O Brasil, o México, a Itália, a Espanha e a Turquia são exemplos de países que, sem deixar de ser capitalistas, estão há décadas se industrializando em ritmos não muito diferentes dos mantidos pela China, Cuba, ou Albânia. Evidentemente, os ritmos de desenvolvimento são diferentes tanto entre os países de economia centralmente planejada, como também entre os países que estão em industrialização capitalista. Mas a história não comprovou a tese de que o único caminho para um país de economia colonial se industrializar seja o de uma revolução anticapitalista. Como vimos no capítulo anterior, o problema central do desenvolvimento é a transformação do Setor de Subsistência. Neste particular, os países de economia centralmente planejada nem sempre tiveram muito êxito. Em vários países, a coletivização forçada da agricultura *não* levou ao aumento da produtividade neste setor.

Há que reconhecer, no entanto, que as diferenças e os privilégios de classe, anteriores à revolução, foram abolidos nesses países. Houve efetivamente a estatização dos meios de produção industriais e, em alguns países, também dos meios de produção agrícolas; em outros foi feita uma reforma agrária, repartindo-se as grandes propriedades entre os camponeses, que puderam manter a posse da terra. Essa estatização das fábricas, lojas, bancos etc. e a divisão dos latifúndios eliminaram as antigas classes dominantes. Porém – e aí está exatamente o ponto em que a realidade desses países se afasta da promessa do socialismo – outras desigualdades, cujo caráter (se é de classe ou não) está aberto à discussão, começaram a surgir. É muito difícil afirmar-se hoje que, na URSS, na China ou em Cuba exista uma sociedade sem classes, isto é, que o grau de igualdade seja máximo e nitidamente superior ao das economias capitalistas mais avançadas, não só em termos econômicos, mas também em termos sociais. Nesses países, todas as instituições são rigidamente hierárquicas – não só o Exército, mas também as escolas e sobretudo as instituições econômicas. Existe uma camada dirigente em todas estas entidades, que se compõe da direção do Partido (que geralmente é único), da direção governamental e da direção dos órgãos de planejamento e unidades de produção e distribuição. O resto da população mantém um padrão de vida médio, não muito ruim, mas basicamente se encontra à margem das decisões. Os trabalhadores comuns têm emprego garantido, mas sem possibilidade de reivindicar ou de fazer greves. Estas, quando ocorrem, são duramente reprimidas.

O sistema político desses países é muito menos democrático do que o que se alcançou em alguns países capitalistas mais adiantados. Os sindicatos existem, mas não defendem os seus membros contra o Estado "socialista" – o que aliás é uma contradição em termos, como veremos adiante –, tendo por função básica manter a disciplina no trabalho e o atendimento das normas de produção. Os dirigentes sindicais não são livremente escolhidos e portanto não defendem os direitos do trabalhador, que foram arduamente conquistados nos países capitalistas, como o da negociação coletiva e sobretudo de greve. Obviamente, o "socialismo real" não está correspondendo ao modelo. Sem oposição consentida, sem liberdade de pensamento, de imprensa, de reunião etc. e com listas únicas de candidatos às eleições, estes regimes oferecem ao cidadão menos e não mais liberdade e igualdade. Hoje não é mais possível, como no passado, desmentir estes fatos. A importante revolução proletária que floresceu na Polônia, a partir das greves de 1980, e a consequente formação do sindicato Solidariedade até o golpe militar de dezembro de 1981 mostraram a todo mundo que os regimes burocráticos, embora pretendam falar em nome da classe trabalhadora, de fato não contam com o seu apoio. Os trabalhadores poloneses (e sua situação era a mesma dos das demais economias centralmente planejadas) só reconquistaram por algum tempo seus direitos elementares de organização e representação enquanto conseguiram romper as instituições ditatoriais que garantiam o monopólio de poder da burocracia dirigente. A difícil luta do Solidariedade pela liberdade de reunião e expressão do pensamento e pelo acesso de todas as correntes de opinião aos meios de comunicação de massa (jornais, rádio, televisão) revelou a enorme distância entre o ideal socialista e a mesquinha realidade do "socialismo realmente existente".

Além disso, a partir de certo momento, entre esses países começou a haver divergências muito graves, sobretudo entre a URSS e a China, e os seus aliados respectivos, divergências que chegaram à guerra, como ocorreu entre o Vietnã e a China e entre o Vietnã e o Camboja. Ora, a guerra sempre foi vista pelos socialistas como produto de contradições do capitalismo. A luta armada entre regimes que se pretendem socialistas é um absurdo e só demonstra que eles, na realidade, nada têm em comum com o socialismo. A ditadura burocrática que domina estes países tende a levar a luta contra qualquer oposição às últimas consequências, que conduzem à eliminação física dos adversários. Nestas condições, o fuzilamento de opositores e de dirigentes caídos em desgraça e a própria luta armada contra países-irmãos não surpreendem.

Como é possível justificar a instauração de um Estado totalitário em nome do socialismo? Na verdade, a promessa do socialismo é de que o Estado entrará em decomposição a partir da abolição das classes, pois o Estado é visto fundamentalmente como um órgão para manter a dominação de classe. Portanto, se não há mais classes nem dominação de classe, se todos são livres e participam igualitariamente da tomada de decisões, que são adotadas por maioria, não há necessidade de um aparelho repressivo especial para manter a ordem. À medida que desaparecem as relações de dominação, o Estado só pode vir a desaparecer. No entanto, alegava-se que, enquanto a URSS era o único país que pretendia estar construindo o socialismo, o Estado precisava não só continuar existindo, como, inclusive, se tornar mais forte e mais repressivo, devido ao cerco capitalista externo e aos seus agentes internos que estariam sabotando e se opondo à construção do socialismo. Essas alegações pareciam ter base, pelo menos até 1945. Depois da Segunda Guerra Mundial, no entanto, o cerco capitalista deixou de existir, pois um número crescente de países passou a adotar o mesmo regime na Europa Oriental, na Ásia, na África e até na América Latina. No entanto, apesar do levantamento do cerco capitalista, não há nenhum sinal de uma progressiva abertura democrática nesses países. Pelo contrário, como todos sabem, as tentativas de se instaurar formas mais democráticas de governo, tanto na Hungria (em 1956) como na Tchecoslováquia (em 1968) e na Polônia (em 1956, 70, 76 e 81), foram brutalmente contidas, seja por invasões externas, seja por repressão interna.

Está claro que o Estado totalitário, que caracteriza em maior ou menor grau todos os regimes burocráticos, tem por função sustentar o domínio da camada dirigente do partido, do governo e das instituições econômicas sobre o conjunto dos trabalhadores. E à dominação política correspondem privilégios econômicos e sociais. Os burocratas dirigentes não só recebem ordenados mais elevados e usufruem vários tipos de mordomias (casas de campo, carros com motorista, lojas especiais), mas conseguem assegurar para seus filhos vagas na universidade e, portanto, acesso privilegiado à carreira burocrática. A manutenção da concentração do poder e dos privilégios dela resultantes contra a oposição dos trabalhadores – que tendem a tomar as promessas do socialismo a sério e exigem seu cumprimento – requer a persistência do Estado e inclusive a acentuação do seu caráter repressivo.

Outra maneira equivocada de encarar as economias centralmente planejadas é considerá-las sociedades "em transição" ao socialismo. Imaginam alguns que, uma vez vencido o atraso e tendo atingido alto nível de desenvolvimento, estas economias naturalmente tenderão à igualdade na abundância, e – não havendo mais privilégios materiais a preservar, já que todos terão de tudo – a monstruosa máquina repressiva do Estado totalitário poderá ser desmontada e jogada no monturo da história. Este tipo de esperança, no entanto, também se mostrou ilusório. Os países do "socialismo real" tendem a acompanhar os padrões de consumo dos países capitalistas industrializados que, como sabemos, são permanentemente revolucionados pelo lançamento de "novos produtos". Isso significa que sempre são suscitadas novas necessidades – por automóveis-esporte, viagens internacionais etc. –, de modo que, por mais que se desenvolvam as forças produtivas, sempre a maioria da população estará excluída do consumo mais moderno e refinado. O surgimento constante de novas insatisfações é um ingrediente necessário ao progresso, no capitalismo, que se baseia na desigualdade e na competição entre indivíduos e grupos sociais. Mas é incompatível com o socialismo, no qual a igualdade (embora *não a uniformidade)* é a base da cooperação. A competição por novas formas de consumo (imitadas do capitalismo) nas economias centralmente planejadas mantém a camada dirigente em situação de privilégio material, para cuja defesa o aparelho repressivo do Estado é imprescindível. Por isso, a ditadura burocrática se mantém com toda severidade, mesmo nos países mais desenvolvidos do "socialismo real", como a URSS, a Alemanha Oriental e a Tchecoslováquia. Nada permite afirmar que estes países estejam mais próximos do socialismo sem aspas do que, por exemplo, Cuba ou China.

Portanto, os regimes burocráticos não apresentam qualquer possibilidade (mesmo potencial) de superar as contradições do capitalismo. Para os trabalhadores dos países em que o capitalismo já desenvolveu superlativamente as forças produtivas, tais regimes representam um retrocesso histórico, já que nesses suas conquistas fundamentais – sufrágio universal, partidos e sindicatos independentes do Estado, direito de greve etc. – seriam perdidas. É o que já compreenderam os principais partidos comunistas da Europa Ocidental (e de outros países adiantados), cujos programas não tomam mais a URSS como modelo do socialismo, mas prometem preservar, uma vez no poder, a democracia representativa, o pluripartidarismo etc.

3. Forças produtivas e estrutura social

A estrutura social das economias centralmente planejadas continua diferenciada e hierárquica, basicamente porque elas não foram capazes de desenvolver *novas* forças produtivas, meramente adaptando as que foram e estão sendo criadas pelo capitalismo. Assim, por exemplo, quando a China proclama as "quatro modernizações" como sendo o seu objetivo supremo, o que ela de fato faz é importar fábricas, usinas, redes de transporte e comunicações etc. dos países capitalistas. Mas, ao fazer isso, a China (assim como as demais economias centralmente planejadas) importa também a forma de organizar a produção do capitalismo. Se neste se verifica uma separação radical entre *trabalho intelectual* (direção, planejamento, coordenação) e *trabalho manual* (atividades de rotina, de controle ou execução), a mesma separação será introduzida ou reforçada (se já existe) na economia chinesa. No capitalismo, o trabalho intelectual é monopolizado por uma camada de técnicos e administradores que formam a chamada *burguesia gerencial,* ao passo que o trabalho manual cabe aos trabalhadores comuns que, por isso, formam o *proletariado.* Esta distinção de classe, que se origina na própria maneira de organizar a produção, é transplantada para a sociedade que se desenvolve a partir dos mesmos padrões técnicos, ou seja, que almeja produzir os mesmos bens e serviços, utilizando para tanto a mesma tecnologia.

A separação entre trabalho intelectual e trabalho manual não é gratuita. Ela decorre da luta de classes, que opõe capital e trabalho e induz o capital a retirar do trabalhador a capacidade de dominar o processo de trabalho que executa. Para melhor submeter os trabalhadores, o capital concentra todo *conhecimento* nos seus delegados diretos: gerentes, programadores, pessoal de chefia, assessores técnicos, financeiros, legais etc. Aos proletários resta um trabalho cada vez mais rotineiro, repetitivo, embrutecedor. Obviamente tudo isso se verifica também nas fábricas que empresas capitalistas vendem e instalam em economias centralmente planejadas. Na indústria automobilística que a Fiat montou na URSS, por exemplo, persiste a mesma hierarquia de funções e de mando que caracteriza a Fiat italiana. De modo que, nesta indústria soviética, as relações de produção são análogas às da indústria capitalista.

O argumento de que a indústria soviética não é capitalista porque pertence ao Estado é válido somente no sentido de que ela não tem seu funcionamento condicionado pelos altos e baixos do mercado mas pelas vicissitudes da execução do plano. Do ponto de vista dos seus trabalhadores, entretanto, esta diferença é pouco significativa. No Brasil também temos numerosas empresas de propriedade do Estado, em que a situação dos trabalhadores pouco difere da dos empregados em empresas privadas. Quem ousaria afirmar que a estrutura hierárquica de uma Petrobras ou de uma E.F. Central do Brasil é essencialmente diferente da que vige em empresas particulares de mesmo porte? Numas e noutras persiste a alienação do trabalho (principalmente, do trabalho proletário), que continua também nas empresas dos países de regimes burocráticos.

4. A luta pelo socialismo

A luta pelo socialismo almeja, hoje em dia, não tanto a abolição da propriedade privada dos meios de produção que, no capitalismo monopólico, se tornou pouco mais que uma ficção jurídica (os "donos" das grandes empresas são incontáveis acionistas, com quase nenhum poder de decisão), mas a eliminação da hierarquia de mando nas unidades de produção e distribuição. O que implica a criação de forças produtivas fundamentalmente diferentes das que existem hoje, que não se apoiarão mais na separação entre trabalho intelectual e trabalho manual mas na sua reunião num corpo de trabalhadores, cujos participantes realizarão, *todos*, um e outro tipo de trabalho. As condições para que surjam estas novas forças produtivas estão sendo criadas pelas lutas do movimento operário tanto nos países capitalistas desenvolvidos como nos não desenvolvidos e também nos de regime burocrático. Estas lutas se travam tanto por aumentos de salários e melhores condições de trabalho como pelo controle da produção. Os sindicatos mais avançados, na Itália, Grã-Bretanha ou Suécia, admitem cada vez menos que a burguesia gerencial decida sozinha assuntos de vital interesse para os trabalhadores, como quem é admitido e quem é demitido, que inovações técnicas (com eliminação de empregos) vão ser introduzidas ou como vão ser remuneradas pessoas que em função de mudanças tecnológicas vão desempenhar funções diferentes. Em casos como esses, os trabalhadores exigem que seus representantes possam participar das decisões, vetando as que lhes forem prejudiciais ou, ao menos, negociando medidas compensatórias.

A luta pelo controle operário da produção obteve até agora conquistas parciais. Nos países capitalistas adiantados é normal que os trabalhadores elejam representantes no nível de seção e que as comissões de fábrica, formadas por estes representantes, negociem com a burguesia gerencial tudo o que interessa aos assalariados comuns, inclusive a hierarquia salarial. A burguesia gerencial, para estimular a competição entre os trabalhadores, trata de multiplicar os níveis de salários. O proletariado mostra-se contrário à diferenciação salarial, lutando pela elevação dos salários mais baixos, não só por uma questão de justiça – afinal *todos* trabalhadores precisam viver – mas também para reforçar a sua unidade. Na Itália, por exemplo, o sindicato dos metalúrgicos conseguiu, depois de muita luta, reduzir o número de categorias salariais de 24 para 6. Este episódio mostra que a luta pelo controle da produção – embora nenhuma de suas conquistas possa ainda ser considerada definitiva – está avançando significativamente. Também no Brasil, a reivindicação de que os trabalhadores tenham representantes no nível das empresas, que possam participar na tomada de decisões que os afetem, está sendo levantada cada vez com mais força pelos setores mais bem organizados da classe operária.

A luta por representação implica a luta pelos direitos civis fundamentais para os trabalhadores dentro da empresa. Estes se recusam a ser um conjunto de indivíduos, tendo em comum somente um contrato de trabalho com o mesmo patrão, e que se congregam *fora* da empresa, no sindicato, apenas para lutas comuns a *toda* categoria industrial. Eles pretendem constituir um corpo deliberante na vida da empresa, o que requer o direito de se reunir em assembleias dentro da empresa, fazer jornais-murais, panfletos etc. e tomar conhecimento do andamento econômico-financeiro da firma. No limite, é claro, os trabalhadores almejam todo o poder de decisão na empresa, o que só será factível quando todos eles estiverem capacitados a realizar trabalho intelectual.

Além destas lutas no âmbito da produção, estão surgindo os chamados "movimentos de libertação", que objetivam combater a desigualdade e a discriminação em todas as áreas. Entre estes, um dos mais importantes é o movimento feminista, que combate a discriminação da mulher tanto no trabalho e nas funções públicas como nos lares. O feminismo vê a inferiorização da mulher como resultado do fato de que só a ela cabem as tarefas domésticas, o que a impede de se ombrear com o homem nas demais atividades. As mulheres são discriminadas no trabalho por exemplo (tanto nos países capitalistas como nos de economia centralmente planejada) porque se lhes atribui como tarefa fundamental ser dona de casa e mãe de família. E, na medida em que este encargo pesa exclusivamente sobre seus ombros, a mulher é preterida para ocupar posições de maior destaque e responsabilidade, reforçando o preconceito de que ela é menos capaz do que o homem. A ideia de que o seu ganho apenas complementa o do pai ou marido serve de pretexto para lhe pagar menos, mesmo quando realiza o mesmo trabalho que o homem. Por tudo isso, o movimento feminista reivindica a socialização da maior parte das tarefas domésticas e a divisão por igual, entre todos os membros da família, das tarefas que não forem socializadas. Isso significa a criação de creches e semi-internatos, de refeitórios nos locais de trabalho e residências coletivas e a participação de homens e meninos (tanto quanto a de mulheres e de meninas) na limpeza e conservação de objetos domésticos, no cuidado aos recém-nascidos e assim por diante.

Na verdade, a luta feminista, ao se opor aos papéis tradicionalmente reservados a homens e mulheres, põe em questão toda estrutura familiar, todo relacionamento entre os esposos, entre pais e filhos etc. No mesmo sentido agem também os movimentos de jovens e crianças assim como os de velhos, os primeiros recusando a subordinação aos adultos e os últimos se rebelando contra o ostracismo a que são relegados os que (nem sempre por vontade própria) se retiram da atividade econômica.

Outro movimento que merece registro é o da libertação dos homossexuais, que ainda são vítimas de todo o tipo de preconceito e discriminação. A mensagem deste movimento é que, numa sociedade livre e igualitária, o comportamento sexual de cada um é assunto estritamente privado, não podendo servir de motivo ou pretexto para perseguições ou qualquer tratamento diferenciado. A mesma reivindicação é apresentada pelos movimentos que lutam contra a discriminação *racial*, entre os quais se destacam as organizações de negros, que desempenham papel significativo nos Estados Unidos e estão ganhando força no Brasil. Também a mobilização das comunidades indígenas tem no fundo o mesmo sentido: exigir que grupos diferenciados pela cultura ou pela etnia – que são diferentes das "normas" impostas pela classe dominante – tenham as mesmas oportunidades e possam *participar* em igualdade de condições no trabalho, na política, no consumo e nas demais práticas sociais.

Em função do consumo coletivo dos recursos da natureza – ar, água, flora e fauna – surge o movimento "ecológico", cuja luta se dirige contra a destruição destes recursos por parte de atividades econômicas que somente visam seus fins específicos, sem preocupação com as consequências ambientais de sua ação. As campanhas antinucleares, realizadas pelo movimento ecológico em diversos países, já estão surtindo efeito, contribuindo para reorientar as pesquisas e inversões no campo energético.

As lutas de todos estes movimentos visam fins específicos e parciais, que aparentemente não afetam a estrutura social global. Mas a realização destes fins pressupõe uma sociedade livre e igualitária, pois enquanto existirem ricos e pobres, privilegiados e desprivilegiados, a competição pelos melhores lugares e por rendimentos maiores inevitavelmente deixará para trás os mais "fracos" – que tendem a ser as mulheres, os homossexuais, os jovens, os anciãos, os negros, os índios. Por isso a luta dos movimentos de libertação não só se soma à luta pelo socialismo mas, na verdade, amplia a própria latitude do socialismo, o qual não se limita à eliminação da exploração econômica do proletariado mas se propõe lutar contra todos os tipos de exploração e de discriminação, tanto nas empresas quanto nas demais instituições, inclusive na família.

O socialismo não é um projeto apenas econômico e político, mas abrange todos os aspectos da vida em sociedade.

É importante notar que as lutas do movimento operário e dos movimentos de libertação têm um elemento básico em comum: elas almejam assegurar a *participação* de todas as pessoas nas decisões que afetam suas vidas, sejam estas decisões de produção, de consumo, de reprodução humana, de relacionamento com a natureza. São lutas que se impõem em todos os países – capitalistas ou com economias centralmente planejadas – em que os processos decisórios são dominados por minorias que detêm poder e dos quais as maiorias estão excluídas. As lutas por participação tendem portanto a se unificar, criando laços de solidariedade entre si, que assumem, cada vez mais, caráter internacional. O mesmo também ocorre com a repressão destas lutas, que tende a se generalizar e a se internacionalizar.

5. Cogestão e controle operário da produção

Muitas vezes se confundem participação direta e representação nos órgãos decisórios. Assim, em países capitalistas, como a Alemanha Ocidental, e em países de economia centralmente planejada, como a Iugoslávia, foram instituídos sistemas de cogestão, pelos quais os trabalhadores, em cada empresa, elegem alguns ou até todos os diretores da mesma. Na Alemanha, o conselho de representantes dos empregados escolhe alguns diretores e os acionistas escolhem os outros. Na Iugoslávia, onde as empresas não têm proprietários privados, os trabalhadores escolhem *todos* os diretores das empresas.

À primeira vista, a cogestão permite a participação de todos os trabalhadores, através de seus representantes, nas decisões empresariais. Na prática, a coisa é bastante diferente. Em ambos os países, a economia é de mercado e cada empresa compete com outras, que vendem os mesmos produtos. Portanto, para que a empresa possa subsistir e crescer, proporcionando aos seus trabalhadores empregos, boa remuneração, vantagens não monetárias etc., é preciso que ela produza mercadorias de boa qualidade, a custo baixo. O que significa que a empresa tem de obter dos seus trabalhadores o máximo de produtividade, disciplina no trabalho, eficiência etc. Além disso, ela tem de tomar decisões complicadas no que se refere à tecnologia, à formação de estoques, ao financiamento de inversões etc., etc. Acontece que a divisão entre trabalho intelectual e trabalho manual não mudou nas empresas cogeridas. Os trabalhadores "manuais" não têm as informações nem o preparo técnico para participar na tomada destas decisões, sendo obrigados a confiar em especialistas. Em outras palavras, para que suas empresas se saiam bem na concorrência, os trabalhadores se veem obrigados a escolher como diretores pessoas aptas para o trabalho "intelectual": administradores profissionais, engenheiros, economistas etc.

O fato de os diretores serem eleitos pelos trabalhadores não altera o caráter de sua tarefa: conduzir a empresa ao êxito na competição mercantil. O que os faz pautarem suas decisões pelos mesmos critérios que diretores escolhidos por acionistas ou designados pelo Estado – critérios de eficiência e lucratividade que se opõem às necessidades e aspirações dos trabalhadores manuais. Estes desejam condições humanas de trabalho, possibilidades de realizar tarefas menos fatigantes e mais criativas, menos prepotência dos chefes etc., etc. O choque entre os trabalhadores e "seus" diretores é inevitável e de fato se verifica, tanto na Alemanha como na Iugoslávia. A cogestão não evita a luta de classes porque não altera o relacionamento entre os que detêm a direção do processo produtivo e os que o realizam alienadamente, como apêndices dos maquinismos.

Para que haja participação *real* dos trabalhadores na direção das empresas, é preciso quebrar o monopólio de conhecimentos dos que fazem o trabalho intelectual. É preciso que cada trabalhador tenha trabalhado em todos os setores da empresa, entenda seu funcionamento e esteja a par de sua situação no mercado. Somente nestas condições terão os trabalhadores possibilidade de participar das decisões com conhecimento de causa e *assumir* a responsabilidade pela condução da empresa. Mas isso requer, no limite, que não haja mais dirigentes nem dirigidos nas empresas e que aqueles que num momento estão discutindo com o banqueiro ou com o distribuidor dos produtos em outro estarão operando um torno ou guiando um caminhão. Aliás, o "banqueiro", nestas condições, será alguém que representa um órgão central de planejamento, no qual as decisões de investimento das unidades de produção são compatibilizadas entre si e com os grandes objetivos da sociedade como um todo. Este "banqueiro" não poderá deixar de ser também um trabalhador produtivo – da indústria, da agricultura, do transporte etc. – que desempenha simultaneamente funções políticas de planejamento e coordenação.

Em resumo, quando dizemos que o socialismo pressupõe o controle operário da produção, a ideia central é que a divisão do trabalho terá de deixar de ser hierárquica, permitindo a todos a participação, em igualdade de condições, no trabalho produtivo e nos centros de tomada de decisões. O Estado só poderá ser reabsorvido pela sociedade quando cessar toda a distinção entre dirigente e dirigido. Isso não significa que deixará de se tomar decisões no nível da sociedade ou que não haverá mais direção dos empreendimentos coletivos (empresas, centros de pesquisa, equipes teatrais, times esportivos etc.). É claro que a vida em comum e atividades em que participam numerosas pessoas requerem que haja decisões e diretrizes que afetem a todos. Portanto, "alguém" tem de assumir as tarefas de divulgar tais decisões e diretrizes e cuidar para que sejam obedecidas. Mas esse "alguém", além de ser eleito pelos demais para esta função, não se tornará diferente dos outros, não se especializará na função de representar o todo em face de cada indivíduo que o compõe, nem deixará de trabalhar, como qualquer outro, na execução de tarefas diretamente produtivas. O que tornará fácil e "natural" repartir entre todos as funções de direção, que serão preenchidas por rodízio de tal modo que ninguém que seja dirigido não, seja também, uma vez ou outra, dirigente.

É nesta direção que se constituirá uma sociedade sem classes. Portanto, quando se luta pelo socialismo através do controle operário da produção ou "autogestão", o que se visa não é apenas a democratização das relações de produção mas o seu revolucionamento em profundidade.

6. O socialismo como objetivo comum de muitos movimentos

Acredito que estamos no limiar de uma nova etapa da luta pelo socialismo, por um socialismo realmente capaz de resolver as contradições – novas e velhas – da sociedade capitalista. Esta nova etapa é marcada pelas novas direções que as lutas sindicais, dos movimentos de bairros e dos vários movimentos de libertação estão assumindo.

No momento, essas lutas são travadas por muitos movimentos separados. Não há unidade entre eles, embora haja bastante gente que milite simultaneamente em mais de um. São movimentos autônomos, que têm de ser autônomos para poder lutar pelos seus objetivos próprios. Mas é claro que os seus objetivos últimos – a eliminação das contradições que tornaram necessário o seu surgimento – não podem ser alcançados isoladamente. Nos quadros de uma sociedade competitiva e de classes, como o capitalismo não pode deixar de ser, as feministas jamais conseguirão que mulheres e homens sejam de fato iguais, nem os negros e índios conseguirão eliminar definitivamente a discriminação racial, nem os sindicalistas mais consequentes conseguirão impedir que o progresso técnico se volte contra os produtores diretos etc., etc.

Na medida em que estes movimentos, para resolver definitivamente os problemas, esbarram nos limites institucionais do capitalismo, suas lutas têm um potencial revolucionário que só poderá se realizar se se unificarem. Porém esta unificação não poderá ser meramente o reconhecimento de que todos estes movimentos enfrentam, no fundo, o mesmo inimigo, ou seja, este arranjo social chamado capitalismo. Em 1979, realizou-se na Universidade de São Paulo uma semana de debates dedicada aos movimentos de libertação, na qual participaram feministas, negros e homossexuais. Na discussão final, ficou claro que eles tinham muita coisa em comum, basicamente a oposição à estrutura social existente. Foi até proposta a realização de um Congresso dos Oprimidos, no qual os movimentos ali representados e outros tratassem de aprofundar seus pontos de convergência e elaborassem plataformas comuns de lutas.

Como se vê, não é difícil reunir estes movimentos e fazê-los reconhecer que, no fundo, as lutas de todos eles se volta contra o capitalismo. Mas sua unificação real, preservando ao mesmo tempo a autonomia de cada movimento em seu âmbito específico, não pode ser decidida mecanicamente. Ela pressupõe um programa comum, que não pode ser uma mera soma de reivindicações mas terá que delinear o tipo de sociedade que almejam, ou seja, uma visão concreta do socialismo. Esta visão terá de ser elaborada a partir das lutas que ainda estão se travando em muitos lugares e a partir de um trabalho teórico que sintetize as proposições programáticas dos vários movimentos, muitas das quais ainda nem sequer foram formuladas.

Para se chegar a esta visão concreta, será necessário que os sindicalistas, por exemplo, explicitem qual é o tipo de organização da produção que almejam e que as feministas, por sua vez, elaborem um projeto de estruturação da família em que mulheres e homens possam se relacionar como iguais. O mesmo terá de ser feito pelos que militam nas associações de moradores no que se refere à organização e gestão do espaço urbano e pelos militantes dos movimentos ecológicos no que se refere à utilização e preservação dos recursos naturais.

Estamos chegando a uma etapa da luta pelo socialismo em que o objetivo final terá de ser a síntese de múltiplas lutas. Não cabe mais uma visão monolítica do socialismo, como projeto de uma única classe, representada no plano político por um único partido. Até há poucos anos, as lutas dos diversos segmentos oprimidos da população eram vistas como subordinadas à luta maior do proletariado, a única que continha em si as condições de êxito das demais. Este monolitismo de classe era justificado pela ideia de que só a classe operária seria capaz de formar um partido revolucionário, o qual um dia tomaria o poder e – de um golpe só – esmagaria a classe dominante e seu Estado, realizando a libertação do trabalhador, da mulher, do negro, do homossexual etc. Esta visão monolítica, a experiência do "socialismo real" ajudou a enterrar de uma vez. Hoje se aceita cada vez menos subordinar as lutas específicas de libertação a um partido único, portador predestinado da missão de levar toda a sociedade ao socialismo. Cresce a convicção de que o socialismo, para ser fiel à sua promessa, tem de ser plural desde sua formulação inicial, sintetizando os programas de uma multiplicidade de movimentos, cujas contribuições são todas igualmente importantes.

E é só a partir desta convicção que o trabalho teórico de elaboração de uma nova visão do socialismo, como síntese dos projetos sociais de múltiplos movimentos, pode ter início. Enquanto predominou o que acima chamamos de visão monolítica, cada movimento precisou se autoafirmar, fundamentando o seu direito à autonomia, muitas vezes em contraposição aos demais e sobretudo às formas clássicas do movimento operário – o partido e o sindicato. Estamos superando esta etapa nos países mais adiantados e também no Brasil – de modo que a renovação do socialismo, como concepção ideal e como prática de luta, se torna cada vez mais factível e necessária.

7. A prefiguração do socialismo na prática presente

As múltiplas lutas, que implícita ou explicitamente almejam o socialismo, estão aí, crescendo, mobilizando cada vez mais gente – mas nada garante que elas sejam vitoriosas. Contra elas se levantam duas formas de resistência: uma frontal, aberta, direta – a repressão; outra insidiosa, encoberta, indolor – a cooptação. Uma e outra são usadas alternativamente, conforme as circunstâncias históricas e as relações de força.

No Brasil, entre 1968 e 1976, a repressão funcionou e foi eficaz em manter os diversos movimentos reduzidos a pequenos grupos, muitas vezes dilacerados pelo sectarismo. Mas a repressão polarizou em extremo a sociedade, reunindo num polo só todos os que se opunham ao governo, ao regime e ao próprio sistema social. Os riscos inerentes a esta situação fizeram com que o próprio governo, através da "abertura política", passasse a reduzir a repressão aos diferentes movimentos, que puderam então florescer, ganhando em representatividade e obtendo vitórias parciais. Coloca-se, portanto, na ordem do dia a cooptação.

Da cooptação já temos uma longa experiência histórica. Quase todos os movimentos revolucionários que surgiram nos últimos cem anos já foram – em alguma época, em alguns países – cooptados pelo Estado burguês. Cooptar significa integrar a liderança de movimentos que se dirigem contra a estrutura social vigente aos centros de decisão, ou seja, realizar a cogestão no nível político. Nos regimes democráticos burgueses, que existem atualmente em quase todos os países capitalistas adiantados, os partidos socialistas (sejam eles social-democratas ou comunistas) participam dos parlamentos, e muitas vezes do governo nacional, têm governadores e prefeitos, além de representantes em órgãos colegiados que dirigem organismos de planejamento, redes de rádio e televisão, universidades etc., etc. Não há dúvida de que as pessoas que ocupam estas posições constituem a elite do partido e, de fato, exercem poder na sociedade. Através delas, os movimentos, que pela sua origem são revolucionários, foram integrados à estrutura vigente de dominação.

Assistimos, no Brasil, a um processo semelhante de cooptação durante os governos populistas de Getulio Vargas

(1950-1954), Juscelino Kubitschek (1956-1961) e João Goulart (1961-1964), quando membros proeminentes de partidos de esquerda passaram a integrar os legislativos e os executivos em nível municipal, estadual e federal. Era comum ver à testa de importantes autarquias e centros de decisão dirigentes partidários e sindicais, oriundos de movimentos de oposição à estrutura social reinante.

O resultado da cooptação é uma troca desigual. As bases dos movimentos cooptados ganham alguns benefícios, mas são levadas a dar apoio ao conjunto do regime político vigente, o qual preserva, embora atenuadamente, as bases da opressão. Quando, em momento de crise, os movimentos que deveriam ser revolucionários se mostram de fato conservadores, fala-se em "traição" dos dirigentes, como se uma reviravolta desta envergadura – que se repete sistematicamente em numerosas conjunturas, em muitos países – pudesse ser causada por falhas de caráter de um punhado de indivíduos. O que acontece é muito mais grave: as elites partidárias perderam o contato vital com suas bases, cujos interesses históricos deixaram de representar. Esta perda de contato ocorre com a própria formação destas elites, embora sua manifestação concreta só se dê mais tarde.

O que leva à cooperação não é, como poderia parecer, o fato destes partidos participarem da disputa do poder político e, em consequência, do exercício parcial do mesmo, mas o hiato que se abre entre a direção e a base, fazendo com que a primeira atue "em nome" de amplas massas, com as quais não convive e nem tem muito em comum. O fato inegável é que, nos partidos e sindicatos da classe operária, frequentemente existe o mesmo desnível e a mesma hierarquia que caracteriza o resto da sociedade. Em sua estrutura interna, estas instituições tendem a espelhar a estrutura social que pretendem abolir: à sua testa encontram intelectuais, alguns de origem burguesa, outros de origem operária, cuja função é usar a cabeça, formulando o programa, a estratégia e a linha tática da organização, a cada momento redigindo resoluções e artigos, fazendo discursos, emitindo diretrizes; em sua base se encontram os membros comuns, que se limitam a pagar uma contribuição, a participar de reuniões da célula ou núcleo local, em que se distribuem tarefas "manuais" como pichar muros, distribuir panfletos, vender jornais ou rifas e assim por diante.

Esta divisão entre os que exercem trabalho intelectual e os que fazem trabalho manual no seio de partidos, sindicatos e, às vezes, até de movimentos de libertação é uma capitulação aos costumes e aos valores da sociedade capitalista. Uma vez esta divisão consolidada, a organização está pronta para ter sua liderança cooptada pelo simples motivo de que ela *já é elite* e portanto está pronta para se integrar à elite da sociedade global. Quando esta integração se consuma, o aparelho burocrático do partido, sindicato etc. passa a reprimir suas próprias bases, tornando desnecessária a repressão externa.

Isso aconteceu inúmeras vezes nos países capitalistas em que partidos social-democratas (e algumas vezes comunistas) participaram do governo, assim como nos países de economia centralmente planejada, nos quais as diferenças de classe acabaram ressurgindo de forma modificada porque os partidos no poder já eram, desde antes da revolução, internamente diferenciados. Quando um partido de estrutura militar e direção autoritária assume o poder, sua dirigência se encontra predestinada a exercer o papel de burocracia dominante.

A grande conclusão a tirar disso é que, para se julgar a potencialidade socialista de um partido ou movimento, importa menos o que ele proclama ou apresenta em seu programa – que não passa de uma promessa – do que o seu modo concreto de existir e funcionar, a forma de relacionamento entre as pessoas que atuam dentro dele, o grau em que as bases efetivamente participam na adoção de decisões importantes. Esta é, aliás, uma proposição elementar do marxismo: se queremos entender uma instituição social, é preciso atentar para *o que ela de fato é* e não para o que ela pretende ser. Uma organização que de fato luta por uma sociedade livre e igual, isto é, sem classes já tem de prefigurar esta sociedade em seu funcionamento atual. Só organizações que são livres e iguais, ou seja, de fato democráticas, sem distinções consolidadas entre dirigentes e dirigidos, com os primeiros se pondo a serviço dos segundos e ambos revezando seus papéis – só organizações assim têm possibilidades de servir de instrumento aos exploradores e oprimidos para construir uma sociedade nova, que seja socialista.

8. Perguntas e respostas

P – *Você pode explorar mais a questão do desenvolvimento econômico dos países de economia centralmente planejada em relação aos países capitalistas?*

Singer – A experiência de desenvolvimento das economias centralmente planejadas não é a mesma e isso também acontece com os países capitalistas. Por isso é fácil para cada lado puxar a brasa para sua sardinha. Comparando a China com a Índia, a conclusão favorece o planejamento centralizado. Já a comparação entre a Polônia e o Japão favorece o capitalismo.

O que se pode dizer em termos mais gerais e abstratos é que no caso de países muito atrasados, nos quais a Revolução Industrial mal começou, o planejamento centralizado tem produzido desenvolvimento muito acelerado, bem superior ao alcançado em moldes capitalistas. Foi esta a experiência da URSS dos primeiros planos quinquenais, da China, da Coreia do Norte etc. O planejamento centralizado permite satisfazer as necessidades básicas dos agricultores e, ao mesmo tempo, maximizar a extração do excedente alimentar, o qual é aplicado maciçamente na industrialização. Desta maneira, é possível construir uma infraestrutura industrial – transporte, energia, indústria pesada – em poucas décadas. O mais importante é que se assegura ao conjunto da população, em pouco tempo, um mínimo bastante razoável de nutrição, habitação, vestuário, educação e saúde. Razoável em comparação com as condições miseráveis de vida em que estava anteriormente a maioria da população.

Quando o país já alcançou um grau médio de industrialização, como ocorreu em muitas nações da Europa Oriental a partir dos anos 60, o planejamento centralizado começa a falhar e sua capacidade de desenvolver a economia passa a ser bem inferior ao capitalismo. Tanto é assim, que as reformas econômicas propostas e, em parte, implementadas em alguns países, como a Iugoslávia e a Hungria, vão no sentido de substituir decisões administrativas por mecanismos de mercado, estabelecendo competição entre as empresas, que são estimuladas a procurar maior eficiência através da maximização de sua lucratividade. A essência da questão parece estar nas necessidades dos consumidores, que, em estágios mais altos de desenvolvimento, não são mais de maior *quantidade* de produtos mas de maior *variedade* e melhor *qualidade* dos mesmos. E isso é muito difícil de atender mediante o planejamento centralizado porque depende da habilidade e da motivação do produtor na empresa. O planejamento centralizado, como é muito autoritário, enquadra o produtor direto – o operário, o engenheiro, o projetista, o agricultor etc. – em normas estritas do que, como e quando produzir, o que sufoca a sua iniciativa e desestimula (quando não proíbe) inovações que satisfazem gostos e preferências de grupos específicos de consumidores.

Em resumo, o planejamento centralizado parece ser eficiente para promover a produção em grande escala de um pequeno número de bens e serviços padronizados. Quando se trata de promover a inovação, a originalidade e a sofisticação, o capitalismo é muito superior. Só que o capitalismo, para realizar isso, tende a privilegiar a minoria rica, mantendo uma grande parte da população com suas necessidades básicas insatisfeitas.

P – *Nos países de economia centralmente planejada há real- mente uma casta dirigente opressora, que se apropria de* *uma parte do valor gerado na produção? Há mobilidade social nestas economias?*

Singer – Sim, há uma camada – que alguns preferem chamar classe, outros casta – que monopoliza as funções de direção e que utiliza o aparelho de Estado para se manter no poder, reprimindo qualquer tentativa de oposição ou protesto. Esta camada é economicamente privilegiada, embora os desníveis de renda nas economias centralmente planejadas sejam, em geral, menores do que nas economias capitalistas. Na URSS, por exemplo, a relação entre o menor e o maior salário, em cada empresa, é de 1 para 7. Acontece que também há desigualdade *entre* as empresas, de modo que a relação entre o menor e o maior salário pago *no país* chega a 1 para 30. É uma diferença ponderável, que é ampliada pelas mordomias de que gozam os burocratas que ocupam posições elevadas. É legítimo se dizer que nestas condições há exploração, pois os que se apropriam das rendas mais altas certamente não fazem jus a elas em função de maior produtividade, mesmo porque a grande maioria deles não exerce trabalho produtivo.

Há mobilidade social ascendente em qualquer sociedade na qual o número de posições hierarquicamente elevadas se multiplica. E isso acontece sempre que há desenvolvimento das forças produtivas. Assim, na URSS, por exemplo, houve intensa mobilidade social durante o período de rápido desenvolvimento econômico, que durou até meados dos anos 60. Daí em diante o ritmo de desenvolvimento diminuiu e a mobilidade também. O número de lugares nos quadros dirigentes se estabilizou e os que os ocupavam trataram de assegurar aos seus filhos e protegidos o acesso às poucas vagas que se abriam. Atualmente, a ascensão às posições de mando e de prestígio requer, no mínimo, diploma universitário. O número de vagas no ensino superior é limitado e bem menor que o de postulantes. As vagas são preenchidas mediante exames bastante competitivos. Tendem a entrar na universidade os que provêm de lares intelectualizados e que tiveram acesso às melhores escolas secundárias etc. No Brasil, como todos sabemos, a situação não é muito diferente.

P – *Para haver mais de um partido político numa sociedade é preciso que haja várias classes sociais. Se na sociedade socialista as classes foram abolidas, como admitir o pluripartidarismo?*

Singer – Não há nenhuma relação necessária entre o número de partidos e o número de classes. É muito comum que haja mais um partido pretendendo representar os interesses de uma mesma classe. No Brasil, hoje, há vários partidos burgueses e vários (dos quais muitos não legalizados) da classe operária. No que se refere a esta, historicamente sempre houve uma multiplicidade de partidos que se pode dizer que eram "operários". O fato de uns negarem esta condição aos outros não significa nada.

O fundamental é que o socialismo não é o fim da história, cujo movimento se dá por contradições. Mesmo depois de abolidas as classes, é provável que persistam divergências, por exemplo, em relação a quais tarefas domésticas devem ser socializadas e quais não (os filhos devem ser criados pelos pais ou por especialistas? A família nuclear – pais e filhos – deve passar seu tempo livre junta em casa ou comer em refeitórios públicos etc.) ou em relação ao tamanho das cidades e à qualidade da vida urbana (a metrópole oferece oportunidades culturais únicas, mas dificulta a vida comunitária, que pode florescer em vilas e cidades pequenas). Para que tais divergências – e muitas outras poderão surgir – sejam resolvidas democraticamente, ou seja, depois de um debate livre e de modo que prevaleça a maioria, permitindo-se à minoria manter suas posições, o pluripartidarismo parece ser essencial.

P – *Você dá muita prioridade à tomada de poder na fábrica, na escola e em outras instituições, mas deixa num plano bastante secundário a tomada do Estado pela classe operária. Por quê?*

Singer – Não se trata de deixar a tomada do Estado pela classe operária num plano secundário, mas de indagar o que realmente significa isso. Parece-me evidente que nenhuma classe pode exercer diretamente o poder de Estado. Mesmo a burguesia não exerce este poder; são seus representantes que ocupam posições-chave no aparelho de Estado e eles são efetivamente seus representantes à medida que fazem o Estado dar cobertura à gestão econômica que a burguesia põe em prática. No capitalismo, qualquer partido no governo só tem duas alternativas: ou dá apoio aos empresários, isto é, à classe dominante, para que a economia funcione e se desenvolva, ou destrói suas bases de dominação, transferindo a função de dirigir a vida econômica a outro grupo social. Como a segunda alternativa só excepcionalmente é tentada, a burguesia tem todas as condições para se assegurar de que quem quer que se encontre à testa do Estado seja "seu" representante.

A classe operária não tem tais condições. No capitalismo ela não dirige a economia mas é explorada nas empresas. Para se defender da exploração, a classe trabalhadora desenvolve uma série de táticas que reduzem ao mínimo a produção que ela fornece aos patrões. Esta é a essência da alienação do trabalho. O que se pretende com o socialismo é superar esta alienação, é criar condições para que cada trabalhador possa dar o máximo na produção, tanto em esforço como em inteligência, sem correr perigo de que outros – os não produtores – se aproveitem disso. Estas condições são as do pleno domínio do processo produtivo pelo trabalhador.

Ora, esta passagem do poder na produção do burguês ou tecnoburocrata ao trabalhador não pode ser feita por decreto ou por outro ato qualquer do Estado. Quem assume o poder de Estado, por mais que "queira" ser representante da classe operária, tem como responsabilidade primordial assegurar que a produção não se interrompa, que as necessidades materiais básicas da população continuem a ser satisfeitas. Em qualquer situação revolucionária esta necessidade de assegurar a produção se apresenta com o peso esmagador.

Em consequência, o máximo que os "representantes" da classe operária no poder conseguem fazer é transferir o controle da produção das mãos da burguesia às de uma burocracia, a qual, para garantir a produção, passa a oprimir de fato os trabalhadores que continuam tão alienados como antes. Foi isso que aconteceu com todas as pseudotomadas do poder pela classe trabalhadora – na Rússia, na Iugoslávia, na China, em Cuba etc. – independentemente das intenções subjetivas dos dirigentes revolucionários.

É por isso que a tomada do poder nas fábricas tem de se dar *antes* da tomada do poder do Estado. Dir-se-á: mas o aparelho repressivo do Estado vai deixar que isso ocorra? A experiência histórica da luta de classes nos países capitalistas mais adiantados mostra, como vimos antes, que, em *certa medida,* o poder de Estado não tem sido capaz de impedir que *alguma* transferência de poder aos trabalhadores aconteça. Refiro-me à institucionalização dos conselhos de fábrica e dos delegados sindicais em diversos países, a qual acarreta pelo menos alguma participação no poder de decisão na empresa por parte dos trabalhadores. Esta experiência histórica é importante apenas para mostrar que, em circunstâncias políticas favoráveis, quando o poder de Estado está nas mãos de partidos que dependem do voto operário, este poder não é usado para bloquear conquistas significativas no nível das empresas, onde as *transformações realmente revolucionárias têm* de ocorrer.

O que a experiência histórica dos últimos seis ou sete decênios, tanto nos países capitalistas adiantados como nos países que tiveram revoluções, ensina é que a ideia de que a tomada do poder de Estado deve *preceder* a tomada do poder nas fábricas, escolas etc. é falsa. Quase poder-se-ia dizer que a tomada do poder de Estado *antes* que o poder tenha sido conquistado pela classe trabalhadora nos locais de produção é *impossível,* porque não há como a classe trabalhadora poder assegurar sua representação em nível de governo enquanto o trabalho continuar alienado nas empresas. E a superação da alienação do trabalho produtivo, como a recente experiência da Polônia ainda mais uma vez mostrou, não se pode dar de um dia para o outro; é todo um processo de transformação da divisão do trabalho, da tecnologia e da mentalidade dos que participam do processo produtivo, que leva inevitavelmente um tempo bastante longo.

Então, se as coisas são assim, o que cabe fazer no plano político, aos que lutam pelo socialismo? Obviamente lutar pelo poder de Estado, tendo como objetivo básico neutralizá-lo, ou seja, impedir que ele reprima as lutas revolucionárias que os trabalhadores e demais oprimidos têm de travar no seio das empresas, escolas, hospitais, bairros e assim por diante. Já é clássico o lema de que "a libertação da classe operária tem de ser obra da própria classe operária". Isto significa que nenhuma "vanguarda", instalada no poder de Estado, pode (mesmo que queira) libertar a classe operária de cima para baixo. O que esta vanguarda pode fazer, para ajudar o processo, é promover a democratização do aparelho de Estado, instituindo formas de participação popular no poder de Estado e descentralizando-o ao máximo. Esta não deixa de ser uma grande tarefa, que pode ser considerada uma etapa preliminar da abolição do Estado *desde que* a conquista do poder nas empresas e outras instituições esteja ocorrendo. Descentralizar as funções governamentais, transferindo poder de decisão aos municípios e distritos e dando mais autonomia às autarquias e empresas públicas e, ao mesmo tempo, abrindo estes centros de poder local à participação dos cidadãos comuns, tem por efeito capacitar o conjunto dos trabalhadores a tomar decisões no nível comunitário. É uma outra forma de superar a alienação – a política – sem a qual não se chegará ao socialismo.

LEIA TAMBÉM

ESCREVER MELHOR
Dad Squarisi e *Arlete Salvador*

É possível transformar um texto comum numa escrita sedutora, gostosa de se ler? Em *Escrever melhor: guia para passar os textos a limpo,* Dad Squarisi e Arlete Salvador mostram como estudantes, jornalistas, advogados, executivos e outros profissionais que usam a escrita no dia-a-dia podem melhorar seu texto, tornando-o conciso, objetivo, claro e... sedutor. O livro aponta os defeitos mais comuns – em relatórios, documentos, reportagens, dissertações, teses e petições – e indica como escapar das ciladas da língua portuguesa.

CADASTRE-SE
EM NOSSO SITE,
FIQUE POR DENTRO DAS NOVIDADES
E APROVEITE OS MELHORES DESCONTOS

LIVROS NAS ÁREAS DE:

História | Língua Portuguesa
Educação | Geografia | Comunicação
Relações Internacionais | Ciências Sociais
Formação de professor | Interesse geral

ou
editoracontexto.com.br/newscontexto

Siga a Contexto
nas Redes Sociais:
@editoracontexto